東京に生きた縄文人

TOTO出版

展覧会情報

〈江戸東京博物館（本館）会場〉
展覧会名：特別展「縄文 2021—東京に生きた縄文人—」
会　　期：2021年10月9日（土）〜2021年12月5日（日）
会　　場：東京都江戸東京博物館 1階 特別展示室
主　　催：公益財団法人東京都歴史文化財団 東京都江戸東京博物館、朝日新聞社、NHK、
　　　　　文化庁、独立行政法人日本芸術文化振興会
特別協力：大学共同利用機関法人 人間文化研究機構 国立歴史民俗博物館
　　　　　公益財団法人東京都スポーツ文化事業団東京都埋蔵文化財センター

〈江戸東京たてもの園（分館）会場〉
展覧会名：特別展「縄文 2021—縄文のくらしとたてもの—」
会　　期：2021年10月9日（土）〜2022年5月29日（日）
会　　場：江戸東京たてもの園　展示室ならびに東ゾーン
主　　催：東京都、公益財団法人東京都歴史文化財団 江戸東京たてもの園

ごあいさつ

　1万年以上続いた縄文時代。この長い時代を生き抜いた縄文人のくらしぶりとは、いったいどのようなものであったのでしょうか？　江戸東京博物館では、このたび江戸東京の歴史と文化をふりかえる礎として、その源流ともいうべき縄文時代の人びとに焦点をあてた展覧会「縄文2021―東京に生きた縄文人―」を開催いたします。

　東京都埋蔵文化財センター、江戸東京たてもの園、江戸東京博物館が協働のうえ、さらに朝日新聞社、NHKの協力のもと、近年まれにみる大規模な特別展が実現するはこびとなったものです。最新の学術調査の成果を余すところなく取り入れ、たとえば発掘された出土品がどのような場所で、どのように利用されていたのか、生活空間や道具などを可能なかぎり具体的に再現し、往時の生活の復元を試みました。

　また、江戸東京たてもの園においても「縄文2021―縄文のくらしとたてもの―」と題して、野外博物館ならではの特性を活かした企画を同時に開催。復原された竪穴式住居などをとおして、縄文時代の居住空間を体感いただきます。

　はるか太古、私たちの祖先がこの東京という地において確かな "生" をいとなんでいた、というまぎれもない事実。それは時空を超えて連綿と受け継がれ、現在の私たちにつながっているといえるでしょう。そんな「縄文の宇宙」をご堪能いただければ幸いです。

2021年（令和3）10月9日
主催者

目次

凡例
・本書は、公益財団法人東京都歴史文化財団 東京都江戸東京博物館、朝日新聞社、NHK、文化庁、独立
行政法人日本芸術文化振興会の主催によって、2021年10月9日（土）〜12月5日（日）まで開催される特別
展「縄文2021 −東京に生きた縄文人−」の図録及び書籍である。
・出品リストは、同展で展示される資料を掲載したが、都合により変更される場合もある。また、展示の順序
とは必ずしも一致しない。
・出品リストには、番号、資料名称、出土遺跡、時代年代、員数、指定（国宝、重文＝重要文化財、各自治体
指定有形文化財等）、所蔵、本書掲載頁の順に記した。
・資料名称は、基本的に所蔵者の表記に従ったが、語句の統一を図るため、あるいは展示内容にあわせて、
一部表現を変えたものがある。
・掲載した資料の写真は、主に各所蔵先及び関係諸機関の提供による原板等を使用した。掲載写真の提供元、
転載元については、146〜147頁に列記した。
・本展の企画及び本書の各章・節等の解説執筆者は、巻末のとおりである。

はじめに

藤森照信 <small>(東京都江戸東京博物館館長　東京大学名誉教授)</small>

　日本の縄文時代は、世界史のうえでは不思議な時代といえよう。

　縄文時代のことは世界史では新石器時代といい、旧石器（打製石器）に代わって磨いて刃先を鋭くした新石器が登場し、農業が発明され、土器が生まれ、初めて定住が可能になる。ところが日本列島の新石器時代（縄文時代）にあっては、新石器、土器、定住の3つは世界（ユーラシア大陸）と一致するのに、農業が未発達だった。農業が未発達なのに、人びとは定住して集落を成し、世界一の美しさを誇る土器や土偶を作っていた。

　定住、実用性を越えた表現行為——このふたつが成り立つには"豊かさ"が欠かせず、世界では農業こそがそれを可能にしたが、農業未発達の日本では何が豊かさをもたらしてくれたのだろうか。

　日本列島の立地と地形が、富の源泉だった。温帯モンスーン地帯に位置する日本列島は、春、夏、秋、冬の四季を持ち、雨季と乾季の二季しかない世界にくらべ、季節のもたらす恵みは単純計算すると2倍になるし、世界の3つのプレートが集まる異例な火山列島ゆえ、山は高く海は深く、海岸線は入り組み、多様な地形がもたらされ、その多様な地形を南からの黒潮（暖流）と北からの親潮（寒流）が洗う。

　多様な気候と多様な地形、これが豊富な海の幸と山の幸をもたらし、縄文人たちの日々の暮らしと表現行為を支えていた。

　世界の歴史博物館を訪れても、縄文時代の不思議さは体験できる。

　日本の全国各地の歴史博物館は、たいてい縄文時代から始まり、土器、土偶、石器が並び、時には復原住居が作られ、家族の暮らしぶりが再現されている。仕事柄、世界の博物館はたくさん訪れているが、原始時代で脚光を浴びるのは人類史のスタートを示す旧石器時代がほとんどで、それに引き続く新石器時代の展示は、磨製石器を出して終わり。土器は出ていても大きさも造形も物足りないことしきり。これでは展示を充実させようとは思わないだろう。

　博物館を訪れる日本の人びとは、自分たちの村の祖先の暮らしを見るように見ているのではないか。いろんな時代に人びとの大移動と盛衰が絶えなかった世界では、現在その地に住む人びとが、新石器時代のあれこれを遠い昔の先祖の話として眺めることは少ないに違いない。

　日本の考古学では、発掘が一段落すると、その成果を現地で説明する"現説"が行われるが、現説に出かける市民はそれぞれ自説がすでにあり、その補強のために来ている、と考古学ファンの友人が言っていた。一人一説。

　こうした考古学ファンの多さも日本の考古学の特徴だし、ファンの存在を前提にしての新聞の大きな取り上げ方も特徴となっている。

　もし、各地の考古学ファンや各地の新聞はじめジャーナリズムの熱を帯びた動きがなければ、各地に縄文時代をテーマにした歴史博物館が次々に出現することはありえなかった。

こうした地域の人びとの縄文熱は、発掘を促し、発掘に基づく研究は進み、そうした成果は、研究者と市民に向けて刊行され、定着してゆく。

　たとえば『シリーズ　遺跡を学ぶ』（新泉社刊）がある。2004年にスタートし、すでに100巻を終え、次の100巻に向けて続行中で、発掘担当者が豊富な図版と得難い写真を使って遺跡の解説をする。もちろん遺跡は旧石器時代から近代に及ぶが、シリーズの中核をなすのは縄文時代しかありえない。

　監修者の戸沢充則は、「刊行にあたって」の中で次のように述べている。

　「日本考古学では、もうかなり長期間にわたって、発掘・発見ブームが続いています。そして、毎年膨大な数の発掘調査報告書が（中略）刊行されています。（中略）いま日本考古学は過多ともいえる資料と情報量の中で、考古学とはどんな学問か、また遺跡の発掘から何を求め、何を明らかにすべきかといった『哲学』と『指針』が必要な時期にいたっていると認識します。（中略）いまや、考古学にすべての人々の感動を引き付けることが、日本考古学の存立基盤を固めるために、欠かせない努力目標の一つです」。

　その通りだと思いつつ、江戸東京博物館の館長としてはこれまで内心忸怩たる思いを禁じ得なかった。

　ふたつある。

　近年、開かれる縄文時代の大規模展は、東京国立博物館の「縄文展」にせよ、ミホミュージアムの「土偶展」にせよ、縄文時代の美を対象とする。縄文時代の土器、土偶が原始時代の程度の低い造形物と見なされてきた長い歴史を思うと、ちゃんとした美の対象として扱われるのは嬉しいし、世界に向かってその魅力を広めてほしい。土を使っての豊かで多様な美的表現は世界に類がないだけにそう思う。

　美は時代の象徴として生み出されるから、縄文時代の象徴として土器、土偶を取り上げるのは正しいが、しかし、象徴に時代のすべてを込めることは不可能で、象徴に込め切れない諸々を時代は含んでいる。その諸々のなかから時代の雫のようにして象徴が描出されてきたとすると、私たち一人ひとり人間は、その諸々のなかに生まれ出て、生き、そして去る。象徴と人間が関わるのは、生まれた時点と去る時点の2点に限られ、生まれてから去るまでのわれわれの年月は、象徴ではなく諸々とともにある。

　諸々をひとつ言葉でまとめるなら、"生活"とか"暮らし"となる。

　縄文時代の美ではなく、縄文時代の暮らしをテーマにしよう。それこそ、歴史博物館にふさわしい。

　もうひとつの忸怩は、江戸東京博物館の設立事情に関わり、わが館は、28年前、江戸時代と東京をテーマとしてスタートし、江戸幕府開府以前についてはそう力を入れてこなかった。

当館設立以前、東京都は"武蔵野郷土館"という文化施設を現・江戸東京博物館分館（江戸東京たてもの園）の場所に持ち、そこに東京と隣県の発掘資料を収蔵し、小規模な展示をしていた。それらの収蔵品の中には、今回、展示される重要文化財の耳飾りや保存状態の極めて良好な丸木舟もある。

　小規模な武蔵野郷土館をのぞくと、東京都は長らく本格的な歴史博物館を持たなかった。28年前にわが館がスタートしたとき、ゼロから展示物を収集するには、江戸・東京の400年間に的を絞るのは当然のことだった。集中することにより、現在まで62万点に及ぶ収蔵が可能になった。

　そうした蓄積を経て、江戸時代以前に目を向けると、大きな塊のようにして縄文時代が見えてきた。土中に埋まる縄文時代の上に今の東京が立っている。

　土中に埋まる長い長い歴史をずっと発掘し、収蔵し、展示してきたのは東京都埋蔵文化財センターで、多摩の同館を訪れると、その厚い実績を知ることができる。

　よって、本展は、同センター、当館、さらに国立歴史民俗博物館3館の協働となる。

　都の埋蔵文化財センターは、多摩丘陵に立地することからうかがわれるように、多摩ニュータウンの開発に伴う発掘のため設立され、東京西郊の丘陵地を中心に発掘を進め、山の民としての縄文を明らかにしてきた。都市開発が東京の北部に及ぶに伴い、大量の貝塚が発見された。縄文時代の東京の北と東は、縄文海進により、今の東京湾と霞ケ浦方面が深く入り込んで繋がり、海の民の生活の場であった。

　山の幸と海の幸、このふたつをもたらしたのは東京湾だった。あまり知られていない地理上の事実だが、東京湾は湾の大きさといい、その後背地の広さといい、世界一を誇る。

　東京湾のもたらす山の幸と海の幸がいかほどのものであったかは、多摩丘陵で発掘された谷一面を埋める無数の落とし穴の跡と、湾岸で発掘された日本一の密度の貝塚分布を見れば納得できよう。

　そうした縄文人の日々の暮らしをこの本ではふたつに分けて扱う。ひとつは、東京の縄文についての部で、もうひとつは東京を離れ、日本の縄文人の暮らしを、"着る""獲る・食べる""祈る""動く""住む"の5つに分け、東京都立大学教授の山田先生に伺う。

　加えて"住む"の一部として、分館の江戸東京たてもの園で行った縄文住居の復原についても扱う。

　東京都埋蔵文化財センターが、隅田川の向こう側で展示をするのはこれが初めてというし、わが館も特別展示として縄文時代の東京を扱うのは初めてとなる。ふたつの初めてが、東京のこの分野のさらなる発展に寄与できれば幸いである。

第1部

♡

縄文2021
──東京に生きた縄文人──

プロローグ
縄文時代素描

土偶 (多摩ニュータウンNo. 471 遺跡)

　「多摩ニュータウンのビーナス」と称される中期の土偶
で、今から約5,380～5,320年前に作られたと思われる。
非常に丁寧に仕上げられており、表面は光沢を帯び、眼
下の2本沈線、正中線、臀部の区画内には白色の物質が
残っていた。塗彩した跡であろう。

　4点の破片資料が接合したもので、胴部上半部の3点
(頭部、腕部、胸部)は住居跡から出土。下半部は斜面
部に形成された遺物集中地点から発見されており、住居
跡からは50mほど離れている。

最新の調査成果から考える縄文時代像

関連分野の学問や考古学自身の進展により、この20年近くの間に縄文時代像は大きく変わってきた。

理化学分野では年代測定の精度が高まり、1999（平成11）年に青森県大平山元遺跡で出土した土器に付着した炭化物の炭素年代測定（^{14}C）で約16,000年前という驚くべき結果が出た。最近では東京都武蔵野市御殿山遺跡出土土器でも同様な測定結果が公表された。あきる野市前田耕地遺跡の出土土器も15,500年前の数字が示されている。縄文時代の開始が以前より4,000年以上も古くなったことになる。これは最終氷期にあたり、気候の温暖化が原因で旧石器時代から縄文時代へ移行したとの従来の歴史観の大きな変更となる。

また、縄文時代の生業では、植物学からは花粉分析の結果、縄文人はクリやウルシの林を管理していたことが指摘され、土器に残された圧痕分析から豆類（ダイズ・アズキ）の栽培も行われていたことも判明した。他の分野では、土器に付着した微小貝の分析で調理や保存に欠かせない塩作りの開始が従来の後期から中期までさかのぼるようである。

考古学自身では、調査事例の増加により、既に大規模な土木工事（環状盛土遺構）や造成工事（大規模配石遺構）が行われていたことも判明している。神奈川県秦野市稲荷木遺跡では、10m直下の川から800tを超える大量の石を運び上げ、計画的に配石群を構築しており、その労働力は想像を絶する。

日本列島は気候、風土が多様なことから、縄文時代が、北と南、内陸部と海浜部と地域性に富んだ社会であることも明らかになりつつある。さらには、平等な社会と言われていた縄文時代は、後半（後期・晩期）になると階層化が生じるとの説も提示されるようになった。

このように新たな研究の展開により、縄文時代は、以前に比べ、より複雑で地域性に富んだ狩猟採集の社会が12,000年以上も続く、世界にも類を見ない特別な時代であったと評価されている。

日本列島最古級の土器（左：前田耕地遺跡　重要文化財、右：御殿山遺跡 武蔵野市指定有形文化財）

多摩ニュータウン№.107遺跡の土器圧痕の顕微鏡写真
（左：ダイズ、右：アズキ）

神奈川県秦野市稲荷木遺跡 縄文時代後期の大規模配石群

縄文時代の自然環境

一万数千年にわたって続いた縄文時代は、その間に自然環境も大きな変化を遂げた。もっとも大きな変化のひとつは、世界的なスケールの海水準変動と、それをおもな原因とする海岸線の変化（海進・海退）であり、もうひとつは縄文人が生活の舞台とした周囲の植生の変化である。

姿を変える海 —— 海水準の変動と海進・海退

地理学者 東木龍七は1926（昭和元）年に発表した論文「地形と貝塚分布より見たる関東低地の旧海岸線」において、関東平野の貝塚の分布をもとに東京湾が過去に内陸部まで入り込んでいたことを推定した。これは縄文時代の海岸線が今日と大きく異なることを示した最初の論文である。その後、大山柏や甲野勇らの考古学者は貝塚から出土する貝の種類や縄文土器の編年に基づき海岸線の変化を捉え、江坂輝彌は当時著しく進展した関東地方の縄文土器の編年研究をもとに、東京湾がもっとも拡大するのは縄文時代早期末から前期にかけてのことであることを明らかにした（江坂 1943）。この「縄文海進」によって形成された湾を古東京湾と呼ぶ。

こうした貝塚の年代や分布、そこに含まれる貝類・魚類の分析とともに、地理学・地質学研究によって縄文時代の海域の変化が詳細に明らかとなっている。地中の堆積物やそこに含まれる生物化石には過去の環境を知る手がかりが残されている。珪藻はガラス質の殻を持つ単細胞の植物プランクトンで、化石となって堆積物に多く含まれている。珪藻は河川や干潟、内湾などの水環境によって生息する種類が異なるので、地中から産出した珪藻化石を調べることで過去の水域環境が分かる。第四紀学者の小杉正人らは古東京湾の複数の地点で珪藻化石群集の検討を行い、縄文時代の海岸線の変化を詳細にわたって明らかにした（小杉 1992）。

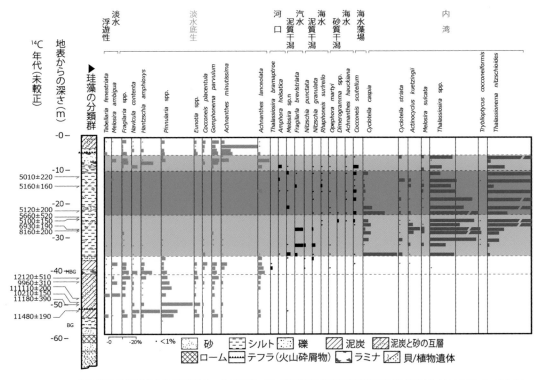

埼玉県三郷市花和田におけるオールコアボーリング試料の珪藻化石群集の層位分布図 （小杉 1992 を一部改変）

三郷市は関東平野の中央、中川低地の南部に位置する。ボーリング調査で得られた堆積物や珪藻化石には、縄文海進によってこの一帯が内湾であった頃や、それがしだいに陸化していった過程を示す証拠が見出されている。

13

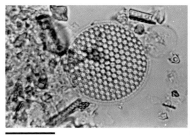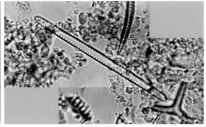

10μm(0.01mm)　　　　10μm(0.01mm)　　　　10μm(0.01mm)

三郷市花和田のオールコアボーリング MS-3 から産出した珪藻化石 （小杉 1992 より作成）

（左：淡水底生種群 好酸性種 *Pinnularia biceps*　中：内湾指標種群 *Thalassiosira lineata*　右：内湾指標種群 *Thalassionema nitzschioides*）

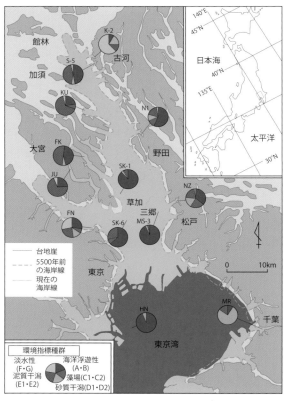

古奥東京湾域における5,500年前の珪藻化石群集の組成

(小杉 1992 を一部改変)

5,500年前の奥東京湾域の古地理図

(小杉 1992 を一部改変)

縄文時代の植生の変化と人の影響

　約１万年前、最終氷期から温暖な後氷期（完新世）の気候に移行するとともに、西日本から東北地方の広い範囲にわたって落葉広葉樹林が成立した。植生の変遷により利用可能な植物も変化するなか、縄文人は自然環境に適応した生活を営んだ「豊かな狩猟採集民」であったと考えられてきた。

　近年の研究によって、縄文人は植物の採集活動に加え、積極的に環境に働きかけ、人為的な植生を作り出していたことが明らかにされつつある。遺跡周辺の堆積物から多数のクリの花粉が発見されることから、周囲にクリ林が成立していたことが分かった。ウルシは日本列島には自生しないとされているが、近年、その木材や果実、花粉が遺跡から相次いで発見され

たことにより、縄文時代のごく早い段階に日本列島にもたらされ、利用されていたことも明らかとなっている。

東京都北区御殿前遺跡では、武蔵野台地の東縁に位置する解析谷の堆積物の花粉分析が行われ、この地域における縄文時代の植生の変遷が調べられた。

縄文時代早期後葉には遺跡周辺の台地斜面にはクリが優勢でカエデ類を伴う林が成立し、また周辺にはウルシの樹木も生育していた模様である。その後クリ林はしばらく縮小するが、中期頃には再び拡大する。この時期に遺跡周辺で活発な生業活動が行われてい

たこととも関係するのであろうか。

縄文時代後期から晩期には、植生が大きく変化した。台地上では常緑のアカガシ亜属の分布が拡大し、低地ではトチノキやハンノキが増加する一方、台地斜面のクリ林は衰退する。この遺跡やその周辺では、マタタビ属（サルナシやマタタビ）といった人間との関わりが想定される植物も多く生育していた模様である。地中に残された花粉化石からは、こうした植生の変遷や当時の人びとの環境への働きかけを知る手がかりが得られる。

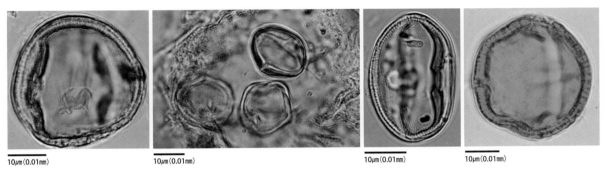

東京都北区御殿前遺跡から産出した花粉化石（吉川 2017 より作成）（左より：アカガシ亜属、クリ、トチノキ、ウルシ）

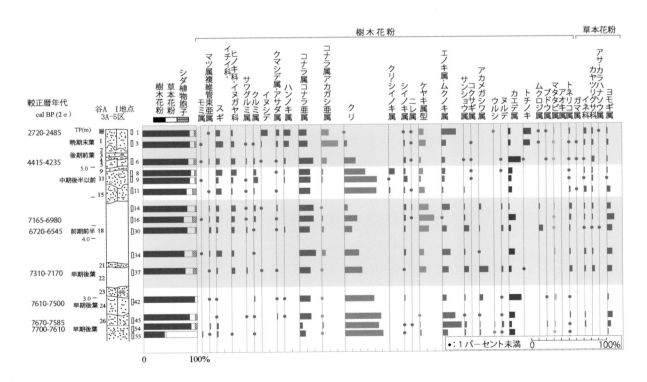

東京都北区御殿前遺跡、谷Aの I 地区の主要花粉分布図（吉川 2017 を一部改変）

15

第1章

東京の縄文遺跡発掘史

学史から振り返る東京の遺跡

東京の縄文時代遺跡の発掘は、1877（明治10）年、エドワード・S・モースによる大森貝塚の調査に始まる。日本の近代科学としての考古学研究の嚆矢といわれている。

その後、明治から大正・昭和（戦前）にかけては、主に貝塚の調査が行われた。荒川区延命院貝塚、北区西ヶ原貝塚、中里貝塚、大田区千鳥窪貝塚などが挙げられる。

戦後になると、開発に伴う調査が徐々に増加、特に高度成長期には大規模なニュータウン事業、高速道路、鉄道などの工事が相次ぎ、遺跡発掘調査の件数も増大した。1970年代以降は、遺跡（集落）の全面調査も多くなった。

明治時代の貝塚調査から住居跡・古墳の発掘の時代を経て、集落などの全面調査に至る過程で、その成果・資料の蓄積は膨大な量となった。それを分析し、当時の社会構造を解明していく作業も進んでいる。今後、それらの成果が埋もれることなく、国民共有の財産としての考古資料を、今日的課題・将来への展望に有益なる資料として提示していくことが大事であろう。

東京の遺跡紹介

東京都の地形は、西から関東山地、多摩丘陵、武蔵野台地と続き、東端の東京低地、東京湾へと続く（20頁左下、東京都の地形区分図）。それに加え、伊豆諸島・小笠原諸島などの島嶼がある。東京都内で発見された遺跡はこれら地形のいずれにおいても分布している。縄文時代の遺跡は、集落のほか、土器片のみが出土するものを含めて3,800か所以上確認されている（19頁、東京の沿岸部貝塚分布図）（20〜21頁、東京都の縄文主要遺跡）（22〜23頁、多摩ニュータウン遺跡群分布図）。

奥多摩湖から東へ流れる多摩川の北側に形成され

た武蔵野台地では平坦な地形が広がる中・下流域の多摩東部から23区内に多く分布し、東側は北西部の北区から台東区・千代田区・港区・大田区に貝塚が集中する。これは「縄文海進」により、縄文時代前期・中期・後期の海岸線がこの区域にあったためである。東京の沿岸部貝塚分布図（19頁）のとおり、海進が進んでいた時期はそれより東側は海中となっていた。

多摩川中流域南側に広がる多摩丘陵は武蔵野台地に比較して狭く険しい谷と細い丘陵が続き、規模の大きな遺跡はないと思われていたが、多摩ニュータウンの開発を契機に精緻な分布調査が行われ、多摩ニュータウン地域には964か所の遺跡が確認された。また、その西側の八王子市域でも開発に伴う発掘調査により多くの集落遺跡が発見された。

東京の西側にあたる関東山地においても、武蔵野台地などに比較して数は少ないが、河川沿いや尾根上に遺跡が発見されている。

島嶼部では、おもに伊豆諸島において、各島々で遺跡は発見されており、本土との交流が窺われる遺物が多数確認されている。

今回の展示では、日本考古学史上において著名な大森貝塚と、東京の地形に基づき、島嶼・沿岸部貝塚・台地・山地の代表的な遺跡をピックアップして紹介する。

島嶼地域は、伊豆諸島各島々の遺跡分布と主要遺跡の紹介である。

沿岸部の貝塚は、荒川区延命院貝塚・大田区雪ヶ谷貝塚の紹介と分布図による主要貝塚の紹介である。延命院は貝層が発見されたもので、雪ヶ谷は集落の住居跡内に貝が廃棄されたものである。

台地の遺跡は、武蔵野台地に立地する新宿区落合遺跡、多摩丘陵に立地する町田市忠生遺跡の紹介である。両者とも縄文時代中期の環状集落である。

山地の遺跡は、青梅市駒木野遺跡、奥多摩町下野原遺跡の紹介である。駒木野は河川沿いに立地し、下野原は河川を望む段丘に立地する。

以上の遺跡の他に、遺跡分布図において、主要な遺跡を写真で紹介している。

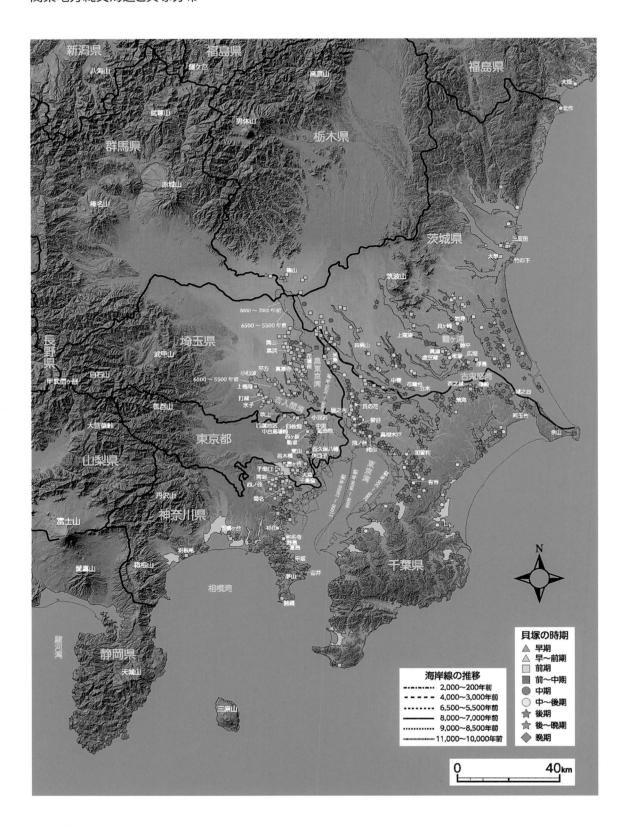

東京の沿岸部貝塚分布図

四葉地区（板橋区四葉）

四枚畑貝塚（板橋区前野町）

動坂貝塚（文京区本駒込）

西久保八幡貝塚（港区虎ノ門）

伊皿子貝塚（港区三田）

千鳥窪貝塚（大田区南久が原）

居木橋貝塚（品川区大崎）

0　2　4km

赤塚城址
海岸
徳丸高山
辻山
申台馬場崎
小豆沢
袋低地
道合
清水坂
北区
板橋区
練馬区
飛鳥山公園内
滝野川八幡神社裏
氷川神社東
池袋東
七社神社裏
大蔵省印刷局内
中里峡上
中里
田端西台通
延命院
駒込新明町
豊島区
天王寺
荒川区
千駄木
領玄寺
キリスト教墓地内
新坂
文京区
台東区
湯島切通
東京市
小石川植物園内
伝通院裏
お茶の水
武蔵野市
元町
杉並区
九段坂上
牛ヶ淵
三番町
新宿区
日本丸西
三鷹市
千代田区
西久保八幡
青山墓地内
元麻布二丁目
紅葉館内
調布市
羽沢
丸山
東山
本村町
港区
伊皿子
狛江市
豊沢
上大崎
旧海軍墓地
池田山北
世田谷区
目黒区
御殿山
瀬田
権現台
稲荷丸北
品川区
仙台坂
六所東
西光寺
立会川
上沼部
大谷・下台
馬込
丸子多摩川園内
豊・
長遠寺
大橋
下沼部
庄仙
天満宮付近
田園調布本町
久か原
塚越
馬込一丁目
田園調布高校
桐里町
千鳥籠
大田区
増明院裏

19

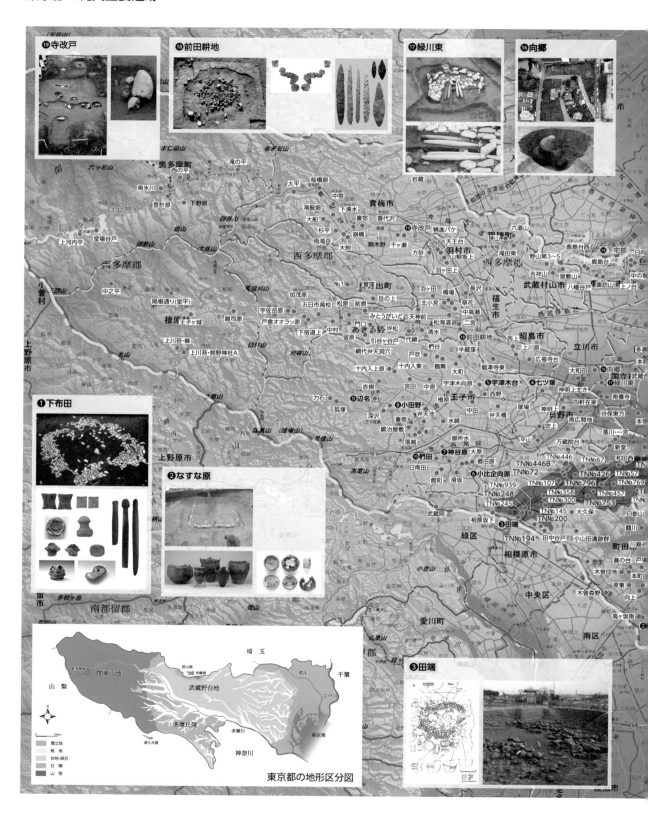

⑲寺改戸

⑱前田耕地

⑰緑川東

⑯向郷

①下布田

②なすな原

③田端

東京都の地形区分図

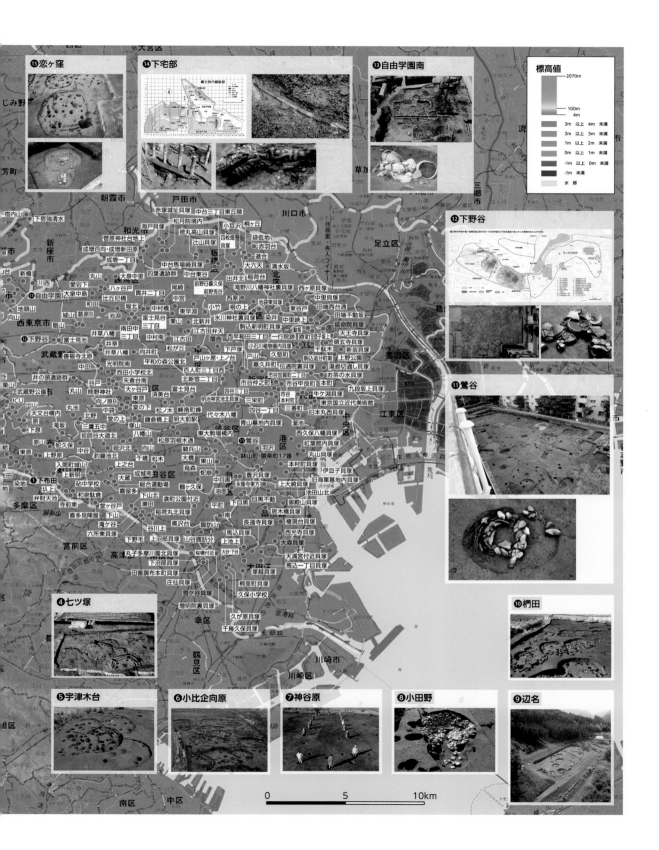

多摩ニュータウン遺跡群分布図

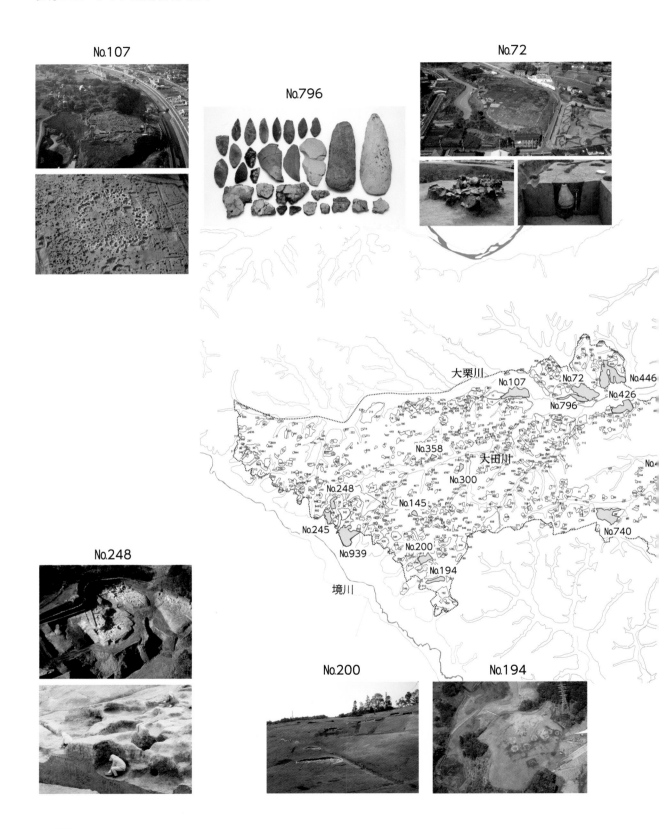

No.107

No.796

No.72

No.248

No.200

No.194

大栗川
No.107
No.72
No.446
No.796
No.426
No.358
大田川
No.300
No.248
No.145
No.245
No.740
No.939
No.200
No.194
境川

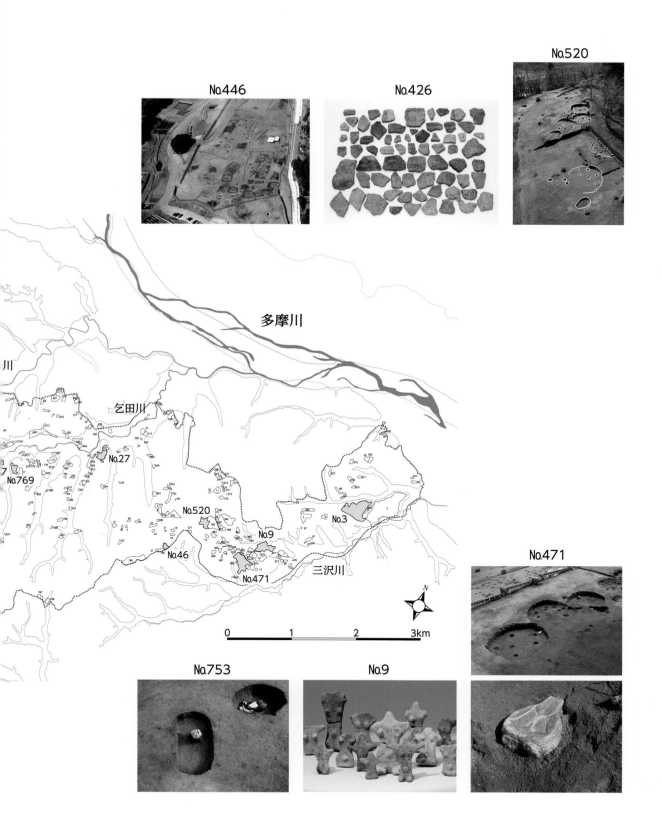

No.446

No.426

No.520

No.471

No.753

No.9

多摩川

乞田川

No.27

No.769

No.520

No.3

No.9

No.46

No.471

三沢川

N

0　　　　1　　　　2　　　　3km

大森貝塚

大森貝塚は、東京都品川区から大田区にまたがる縄文時代後期〜晩期の貝塚である。

1877（明治10）年に来日し、のちにお雇い外国人となったアメリカの動物学者、エドワード・シルベスター・モースにより発見、調査された。日本で最初の科学的遺跡発掘調査といわれている。

来日したモースが横浜から汽車で新橋に向かう途中、大森駅を過ぎたあたりで、崖面に貝殻が大量に露出しているのを発見、石器時代の貝塚であると直感した。

発見から3か月後の9月16日にモースは大森貝塚を訪れ、多数の土器片・土製品・骨などを採集した。数日後、再び人夫らと訪れ、土器・骨角器などを採集した。

10月9日からは本格的な発掘調査が開始された。計15人による発掘で、溝・壕などを掘り、完形土器を含む多量の遺物を発見した。11月にも調査が再開され12月1日に終了した。

発掘から2年後の1879（明治12）年、*Shell Mounds of Omori* が東京大学理学部紀要の第1巻第1冊として刊行（英文）され、その後『大森介墟古物編』（邦文）が『理科会枠』第一帙上冊として刊行された。大森貝塚の特徴、詳細な遺物の実測図、さまざまな考察など、科学的な検証が加えられた日本初の学術報告書として位置付けられている。

エドワード・シルベスター・モース

モースは1838年、アメリカ合衆国メイン州ポートランドに生まれた。1859年にはハーバード大学教授ルイ・アガシーの学生助手となって動物学を学び、その後ピーボディー科学アカデミー（現在のピーボディー・エセックス博物館）の創設に学芸員として関わり、1871〜74年はボードイン大学の教授を務めた。彼の研究テーマは腕足類であったが、アメリカでは数種のみであるのに対し、日本には多くが生息しているという情報を得て、来日することを決意した。1877（明治10）年に来日し、東京大学の初代動物学教授に招聘された。大森貝塚の発掘とともに、動物学の講義、

進化論の啓蒙などの活動を行っていった。

1882（明治15）年には、陶器蒐集の目的で3度目の来日を果たし、日本各地を訪れた。1925（大正14）年、87歳で逝去し、遺言により全蔵書が東京大学に寄贈された。

晩年の E.S. モース肖像 1914（大正3）年
フランク・ベンソン画　Courtesy of The Peabody Essex Museum, Salem, MA

英文と和文の報告書
Shell Mounds of Omori と『大森介墟古物編』

発掘調査で出土した土器（重要文化財）

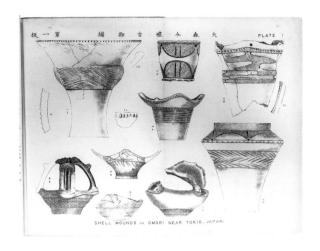
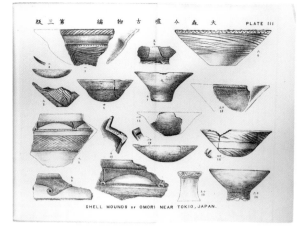

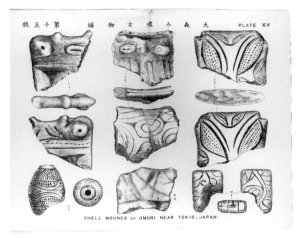

報告書に掲載された実測図

大森貝塚報告書

　1879（明治12）年に刊行された報告書に掲載された図版は石版画（貝は銅板）で、精緻な実測図を基に、日本人画家の木村静山によって描かれている。図版の原図には個々の遺物の分析も記されている。土器に施文された「縄文」をモースは「cord marked」と呼んでいたが、邦文では「索紋」と訳され、のちに「縄紋」と訳されて、現在の縄文土器の原点となった。

ふたつの記念碑

　モースと日本考古学発祥地の記念・顕彰を目的として建立された記念碑が2か所に存在する。ひとつは、1929（昭和4）年に大井町鹿島谷（現・品川区大井）に建てられた「大森貝塚碑」、もうひとつが翌1930（昭和5）年に新井宿町山王（現・大田区山王）に建てられた「大森貝墟碑」である。ふたつの記念碑の存在は、大森貝塚の所在地について混乱を来すことになる。

　「大森貝塚碑」の建立地は、モースの調査時に発掘された櫻井甚右衛門の旧所有地である。

　「大森貝墟碑」は、モースとともに発掘に参加していた佐々木忠次郎が新井宿村臼井邸であると断定して建立されたものである。

　現在では「貝塚碑」付近がモースの調査地点であるとされ、「貝墟碑」付近は、報告書に記載された耕作によって壊された「南の貝塚」であるとされている。調査に参加した佐々木の記憶違いの可能性が指摘されている。

（品川歴史館）■

大森貝塚碑

大森貝墟碑

大森停車場

0   500m

ふたつの記念碑の位置関係

大森貝塚碑　（上：建立当時　下：現在）

大森貝墟碑

大森貝塚遺跡庭園

　1985（昭和60）年に、品川区がモースの生誕地であるアメリカ合衆国メイン州ポートランド市と姉妹都市になった記念で建てられた。モースの発掘地点と「大森貝塚碑」、1984（昭和59）年の確認調査によって発見された縄文時代後期の住居跡、晩期の貝層などを含んだ範囲を遺跡庭園として保存・公開している。

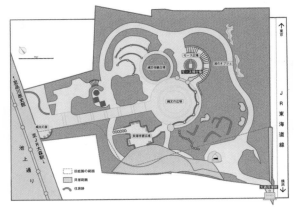

大森貝塚遺跡庭園

島嶼の遺跡

太平洋に点在する東京の島々にも縄文時代の遺跡が発見されている。

黒潮を介して、本州との交流が行われ、島の特産品（黒曜石など）が本州にもたらされ、本州の土器などが島に運ばれている。

島嶼全体図

大島の遺跡

大島は伊豆諸島最大で、本土に最も近い島である。島全体が溶岩に覆われ、三原山は噴火を繰り返している。

1901、1902（明治34、35）年に東京大学の坪井正五郎・鳥居龍蔵両氏により、龍の口において溶岩流の下に遺跡が存在することが発表された。

島内で確認されている遺跡は52か所で海岸線沿いに分布している。縄文時代の遺跡は8か所で、下高洞では住居跡が見つかっている。

大島の遺跡分布

利島の遺跡

利島は宮塚山を頂点とした円錐形の島で、海岸線は崖が切り立ち、砂浜の形成はない。

遺跡は島の北側に集中している。大半が遺物の散布地で13か所が確認されている。その中で大石山遺跡は縄文・古墳時代の集落、ケッケイ山遺跡は弥生時代の集落として知られている。縄文時代の遺跡は6か所で、大石山遺跡以外は中期～後期の少量の遺物が確認されたのみである。

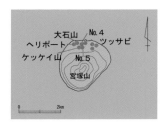

利島の遺跡分布

新島・式根島の遺跡

新島・式根島はほぼ2kmの距離で隣接している。新島は南北に長い短冊状で、南側の向山起源の白ママと呼ばれる白色の噴出物で覆われている。886（仁

和2) 年の噴火とされている。

　新島の遺跡は島の中央と北部に6か所、縄文時代の遺跡は5か所確認されている。式根島の遺跡は13か所、縄文時代では7か所が確認されている。

新島・式根島の遺跡分布

神津島の遺跡

　神津島は中央部の天上山を中心に円丘・支丘が分布し、複雑な地形を呈している。天上山の838（承和5）年の噴火の際、大量の火山礫が周囲に飛散し、式根島では灰トジと呼ばれる火山灰がこの噴火起源とされている。

神津島の遺跡分布

　本島は酸性の流紋岩で形成されており、島内各所に黒曜石の露頭がみられる。縄文時代はこの黒曜石を石器の原材料として重用し、原石は本土の伊豆半島や東海・関東地方の各所に運ばれていた。遺跡は11か所、縄文時代では9か所確認されている。

三宅島の遺跡

　三宅島は大島・八丈島に次ぐ大きさで、雄山は噴火を繰り返している。

　考古学的調査は、1934（昭和9）年のココマノコシ遺跡の調査が端緒とされる。

　遺跡は51か所で島嶼部では最多である。縄文時代では7か所確認されている。島北部・南東部に集中している。縄文・弥生・中世など各時代の遺跡が分布している。

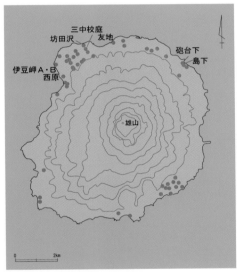

三宅島の遺跡分布

御蔵島の遺跡

　御蔵島は三宅島と八丈島の中間に位置する。島中央から裾野にかけて急傾斜の地形が続く。

　遺跡は4か所で、島北西部に分布する。縄文時代はゾウ遺跡の1か所である。

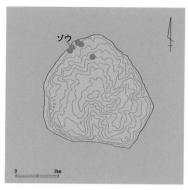

御蔵島の遺跡分布

八丈島の遺跡

　八丈島は南伊豆諸島にあり、西側4kmに近接して八丈小島がある。八丈富士と三原山、中間の低地からなる。

　考古学的調査は1964（昭和39）年の湯浜遺跡の調査が端緒となる。遺跡は8か所、縄文時代では2か所確認されている。小島には2か所が確認されている。

　倉輪遺跡では本土から持ち込まれた縄文時代前期末〜中期初頭の土器、装飾品などが多く出土している。

　本島には小笠原諸島などの南方文化の影響を受けたと思われる磨製石斧・石鏃などが出土している。

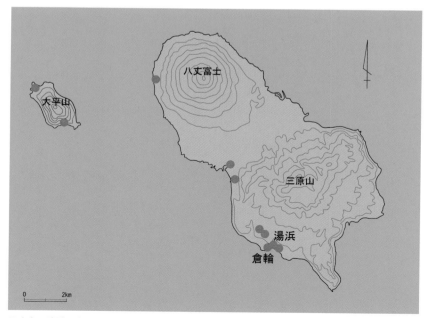

八丈島の遺跡分布

沿岸部の貝塚

日暮里延命院貝塚

　延命院貝塚は、荒川区西日暮里に所在する縄文時代後期の貝塚である。上野台地の中の諏訪台と呼ばれる台地の西側に立地している。

　東京では大森貝塚に次いで2番目に発見された貝塚で、1888（明治21）年に土取り工事の際に関保之助により発見された。明治時代には著名な貝塚として知られていたが、大正・昭和にかけて工事などにより消滅したと思われていたところ、1987（昭和62）年、ビル工事の際に再発見され、調査が行われた。2007（平成19）年には隣接地の調査も行われ、貝層をはじめ、土器・石器・骨角器など多くの遺物も発見された。

　縄文時代後期は寒冷化が進み、海岸線が後退した。日暮里の台地の東側（駅の東口）には干潟があり、その先に海が広がっていた。延命院貝塚で暮らした人びとは、この干潟と海からの恵みを、さらには西側に広がる森で木の実の採集や狩猟によって生活していたことであろう。

延命院貝塚出土土器（荒川区指定有形文化財）

雪ヶ谷貝塚

　雪ヶ谷貝塚は、大田区南雪谷に所在する縄文時代前期の貝塚である。久が原台と呼ばれる台地の先端に立地している。

　明治時代の中頃には知られていて、大正時代には大場磐雄が採集した土器を紹介している。昭和の初期にも、小規模な貝塚が2か所あるとされ、採集された前期の土器が紹介されている。発掘調査は2000（平成12）年に行われ、前期後葉の住居跡31軒、土壙52基などが発見された。5軒の住居跡には貝層が残っており、廃絶された竪穴の窪みが貝殻の捨て場として利用されたことが判明した。住居跡は一時期に2〜3軒から5軒程度が使用されたと考えられる。墓と思われる土壙は北側にまとまっている。

　貝はハマグリが主で、カキなどもある。

　前期後葉期は、縄文海進のピークが過ぎて海水面が徐々に引いていく時期にあたる。本貝塚東側は古池上湾と呼ばれ、入江状の海であったが、呑川の土砂の堆積などで干潟が発達し、貝の生息に適した環境が出来た。本貝塚に暮らした人びとは、この環境を利用し、生活の糧としていたのであろう。

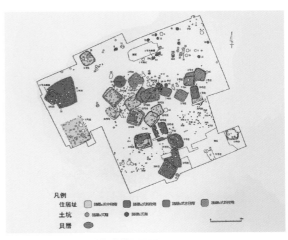

雪ヶ谷貝塚縄文時代前期遺構配置図（大田区郷土博物館 2008）

雪ヶ谷貝塚出土土器

台地の遺跡

落合遺跡

　落合遺跡は、新宿区中落合・中井に所在する旧石器時代・縄文時代中期・弥生時代・古代の遺跡である。豊島台という台地の一端に立地する。

　目白学園内とその南側に広がる遺跡で、1950（昭和25）年の発見から14回に及ぶ発掘が行われている。

　発見された住居跡は合計185軒（縄文時代早期1、中期95、弥生時代後期71、奈良時代18など）で、いずれの時代でも大きな集落であったことが判明している。

　縄文時代中期の集落は95軒の住居跡が径130mの環状に巡り、中央部には墓壙がまとまっている。中期中葉～末葉にかけて約600年間にわたり集落が営まれていたが、一時期に使用されていた住居は10軒程度と考えられる。住居跡内を中心に大量の土器・石器や装飾品、祭りの道具などが出土している。

　日当たり・水はけが良い台地上にムラを形成し、妙正寺川での漁労、周囲の森などでの採集・狩猟などで生活を持続していったのであろう。

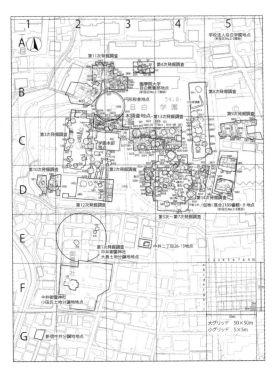

落合遺跡縄文時代中期遺構配置図（大成エンジニアリング株式会社 2019）

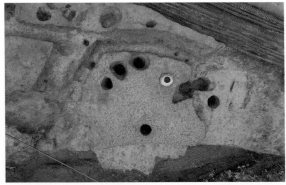

落合遺跡 住居跡と出土土器

落合遺跡 住居跡と炉体土器

忠生遺跡

忠生遺跡は、町田市根岸・木曽町に所在する旧石器・縄文時代中期・古墳・平安時代・中世の遺跡である。相模原台地の北西縁で、境川に面して立地している。

発掘調査は、木曽西2丁目を主体としたA地区、根岸町・矢部町を主体としたB地区、根岸町のD地区に分けて行われた。

縄文時代では中期の大規模な集落が発見されている。A地区では151軒の住居跡が環状に巡って、中央部には墓壙が集中する地点と25軒の住居跡が見つかった地点がある。B地区では2か所で52軒と18軒の住居跡が確認され、A地区の環状集落の他に数か所の環状集落が営まれていたと考えられる。

住居跡の他にも、掘立柱建物跡・墓壙・集石なども多数確認され、町田市内最大の規模を誇る。

出土した遺物は、土器・石器・土製品・石製品など、生活に使われた物や祭祀に使われた物、埋葬の際の副葬品など、多岐にわたる遺物が数多くみられる。

忠生遺跡は町田市を含む多摩地域における縄文時代中期の拠点的な集落といえよう。

大形石棒出土状況

大形石棒と土器・石器（石棒のみ町田市指定有形文化財）

忠生遺跡 環状に巡る住居跡群

縄文時代中期後葉の土器 （町田市指定有形文化財）

縄文時代中期中葉の土器

縄文時代中期後葉の土器群

縄文時代中期後葉の土器群

忠生遺跡出土の土偶 （町田市指定有形文化財）

忠生遺跡出土の翡翠製垂飾

山地の遺跡

駒木野遺跡

　駒木野遺跡は、青梅市駒木町に所在する縄文時代中期の遺跡である。多摩川が湾曲した所、釜の淵と呼ばれる段丘上に立地している。

　発掘調査は1993（平成5）年に行われ、中期前葉～末葉にかけての集落が発見された。住居跡38軒、配石96基、土壙（墓）129基などで、後葉期の住居跡は環状に巡っている。配石も円形に並べている。住居跡の中には石を敷き詰めた柄鏡形敷石住居跡も見つかっている。

　遺跡からは多数の土器・石器・土製品・石製品が出土した。その中の土器2点（37頁）は都有形文化財に指定された。

　前後数百年にわたり営まれた縄文人のムラは現在、「かんぽの宿」として現代人の憩いの場になっている。

駒木野遺跡住居跡群

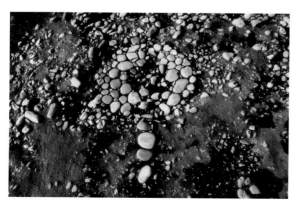

柄鏡形敷石住居跡

下野原遺跡

　下野原遺跡は、奥多摩町梅沢に所在する縄文時代中期～後期の遺跡である。多摩川の支流の海沢川の段丘上に立地している。周囲の山並みに比べ平坦な面が広がっている。標高は約380mで、海沢川とは50mの落差である。

　発掘調査は1965（昭和40）年の第1次から4回行われ、中期中葉～後期前葉の集落が発見された。住居跡は100軒近く確認されたが、およそ200×100mの範囲で環状に巡るものと考えられる。中央部には墓壙がまとまり、環状の列石も見られる。

　遺跡に隣接する大神宮山は、チャートという岩石でできており、この石は石器の材料として重宝されたもので、多くのチャートが調査で出土した。この石を使用して石器製作が行われたものと思われる。またこの石は周辺地域の遺跡でも見つかっている。本遺跡は石材原産地の加工場・供給元と思われる。多摩川を舟で下り、各地に運んでいたのであろう。

　出土した土器の中には山梨地方のものも見られる。山を越えた山梨と川を下った武蔵野台地方面を繋ぐ位置に本遺跡がある。

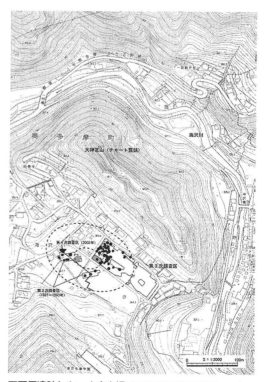

下野原遺跡とチャート産出場（下野原遺跡発掘調査団 2007）

縄文時代中期中葉の土器（東京都指定有形文化財）

第2章

縄文時代の東京を考える
―東京とその周辺地域の輪郭―

東京都の縄文遺跡の数は約3,800か所。陥し穴が数多く発見された狩猟場、住居が多数検出された拠点的大規模集落、大量の貝の出土と極少量の人工遺物の出土を特徴とする貝の加工処理場などのさまざまな遺跡があるが、これらの遺跡は私たちに何を語るのであろうか。

集落のかたちは、前期前葉以降、広場を中心に住居群が展開する定形的な集落が確立してくる。これは、関東地方及びその周辺地域でも共通して確認できる傾向である。

一方、遺跡や出土遺物に見られる特徴が、より限定された地域で認められるものもある。墓に土器を副葬することは、前期以降、各時期で認められるが、東京・千葉では、前期中葉から後葉にかけて、浅鉢の副葬が主体を占める。また、中期において打製石斧が多量に出土する遺跡があるが、これは、主に西南関東地方から中部高地にかけて分布している。時期的特性の地域的広がりには多様性を見出すことができるようである。

本章では、東京の縄文人がどのような時期的、地域的特性を遺跡の中に残したのか。集落、葬墓制、石器、土器、木器、骨角器、モノ（土器、ヒスイ、石材）の動きを視点として考える。

〰〰〰〰〰〰〰〰〰〰〰〰〰〰〰〰〰〰
集落研究
〰〰〰〰〰〰〰〰〰〰〰〰〰〰〰〰〰〰

縄文時代の集落研究が本格化したのは太平洋戦争後である。戦前は、発掘調査の範囲が集落全域に及ぶ事例は少なく、住居跡の検出・調査が主流であった。そのため自ずと個別の住居跡の研究が主体となっていた。

戦後、特に高度成長期における大規模開発に伴う遺跡調査数・面積の急激な増加とともに、全国各地で縄文時代に限らず集落遺跡の調査が相次ぎ、膨大な資料が蓄積され、それらをもとに集落の復元・分析が進められていった。

戦後間もない時期、宮坂英式は長野県尖石遺跡の調査成果を基に、集落復元・領域などの分析を試みた。和島誠一は『原始聚落の構成』で、縄文集落においては中央広場を中心に住居跡群が環状に配置されていることに注目した。

1960年代、水野正好は長野県与助尾根遺跡の分析で、住居跡群の群別から集落構成を究明した。

1970年代に入ると、大規模開発に伴う集落遺跡調査の増加によって、その研究も活発になる。神奈川県横浜市の港北ニュータウン遺跡群の調査に基づく石井寛による集落移動論、東京都多摩ニュータウン遺跡群の分布調査に基づく小林達雄のセツルメント・パターン論などが論じられた。その後、小規模集落（住居跡1～3軒）の存在も明らかになり、大規模集落においても、建て替えの繰り返しの結果であるという「見直し論」が提起された（土井義夫ほか）。また小林謙一らのAMS年代測定法による土器型式の細分化を基にした住居跡の同時存在の解明から、同一時期に存在する住居跡は数軒程度という「横切り集落論」として見直し論を補強している。

現在では、大規模環状集落を軸とした社会構成を追求する立場と、見直し・横切り論によって個々の精緻な分析から集落構造を解明していく立場などがあり、双方ともに縄文時代集落・社会構造などの解明に向け分析は進んでいる。

縄文時代の環状集落は、関東・中部地方を中心とした地域の、主に前期～後期にかけてみられるもので、他の地域などでは住居跡が列状に配置されたものが多い。

東京都地域での縄文集落の特徴としては、この環状に配置された住居跡群が多くみられる事である。40頁に図示したものは、早期から晩期における代表的な集落の配置図である。

府中市武蔵台遺跡は早期前葉の集落で、集落全域の調査ではないが、住居跡が弧状に確認された。

北区七社神社前遺跡は前期中葉～後葉の集落で、後葉期には住居跡が環状に巡り、中央部には墓壙が配置されている。

八王子市滑坂・小比企向原遺跡は中期中葉～後葉の集落で、滑坂遺跡では尾根の頂部を中心に住居跡が環状に配置される。

町田市なすな原遺跡は後期～晩期の集落で、後期の住居跡群は弧状に分布している。

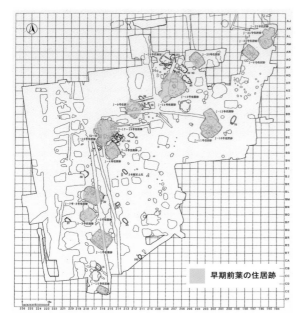

府中市武蔵台遺跡（東京都埋蔵文化センター 2013 に加筆）

早期前葉の住居跡

北区七社神社前遺跡（株式会社 Acube2017 に一部加筆）

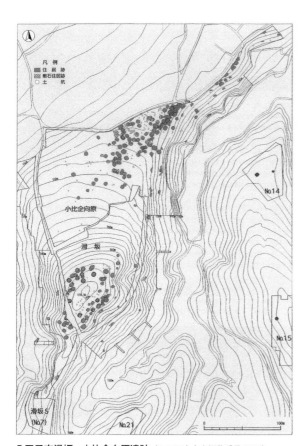

八王子市滑坂・小比企向原遺跡（八王子市市史編集委員 2013）

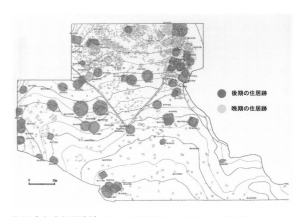

町田市なすな原遺跡（なすな原遺跡調査会 1984 に一部加筆）

後期の住居跡
晩期の住居跡

葬墓制研究

葬墓制に関わる研究は、墓地に関わるさまざまな考古学的資料を分析することにより、葬墓制の時期・地域的な様子、当時の社会組織、墓地の社会的役割、縄文人の死生観などに迫ろうとするものである。考古学的資料には、墓、人骨、副葬品、装身具、供献品などがあり、分析の視点としては、墓の特徴、墓地構成、葬送の方法、埋葬姿勢、頭位方向、儀礼的処置の方法などがある。東京都における遺跡の場合、大規模発掘調査を背景として、集落単位、墓地単位の調査事例に恵まれており、人骨を伴う調査事例は少ないものの、これらの資料群を対象とした研究が進められている。

弔いの移り変わり

草創期から中期

関東地方では、草創期から早期にかけての墓の発見例は極めて少ないが、前期前葉から中葉にかけての定形的集落の確立に伴い、集落内墓が発達し、その発見例は増加する。この傾向は都内の遺跡でも認めることができ、前期中葉から後葉の北区七社神社前遺跡や中期中葉の八王子市神谷原遺跡はその好例であり、環状集落内の広場に形成される例を数多く確認できる。中期後葉以降になると、多摩ニュータウンNo.107遺跡のように墓地内の構成単位が明確に判別できるようになり、その単位には、当時の「出自」や「世帯」などが反映されている可能性がある。

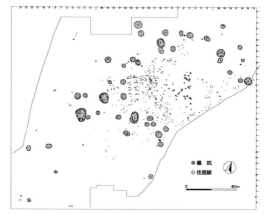

八王子市神谷原遺跡の集落内墓 （八王子市櫟田遺跡調査会 1982 に一部加筆）

土器と石器の副葬

土器や石器の副葬は、前期以降、関東地方の多くの地域で確認することができ、前期中葉から後葉にかけては、東京都や千葉県域では浅鉢の副葬が土器副葬のほとんどを占める。石匙の副葬は前期から認めることができ、中期前葉の勝坂式期には、東京都南西部や中部地方でその確認例が多い。土器や石器の副葬について、時期・地域的特性を見出すことができよう。

重複する墓坑群 （七社神社前遺跡）

副葬された土器、石器 （七社神社前遺跡） （北区指定有形文化財）

後晩期

　後期以降、墓地の占地場所は、環状集落などの広場域に形成する例（多摩ニュータウンNo.194遺跡）を引き続き確認することができる。一方、後期前葉から中葉にかけて、特定の住居（群）に対応する場での墓地形成（西ヶ原貝塚）が認められるようになる。これは、

　神奈川、群馬、長野、山梨でも発見例があり、関東地方南西部から中部地方東部にかけて認められる共通の特徴である。

　後期におけるもうひとつの大きな特徴として、配石墓の盛行があり、北関東地方と南西関東地方でその事例を顕著に確認できる。また、都内の事例数は少ないが、後晩期には再葬の確認例も多くなる。

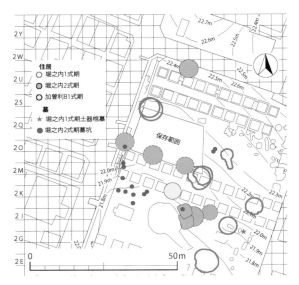

北区西ヶ原貝塚における墓地（西澤2015に一部加筆）

多摩ニュータウンNo.245遺跡の配石墓

注口土器と小型深鉢形土器（重要文化財）

　青梅市寺改戸遺跡の墓坑から出土した副葬品である。後期前葉から中葉にかけての南西関東地方では、土器の副葬例を数多く確認することができるが、鉢類や舟形土器の副葬が多く、深鉢、注口土器、壺、浅鉢なども見られる。

　町田市の田端遺跡や野津田上の原遺跡でもこのような土器の副葬が見られる。寺改戸遺跡では、注口土器と小型深鉢形土器が並列して副葬されており、両者ともに朱彩の痕跡が認められる。

墓と縄文人

新宿区加賀町二丁目遺跡の縄文時代中期後葉の竪穴住居跡の床面上から伸展葬で葬られた一体の縄文人骨が発見された。廃屋墓と呼ばれるもので、貝塚を伴わない内陸部の遺跡で人骨と共に見つかることは非常に珍しい。

その縄文人は、身長160cm前後の男性で、年齢は40歳代と推定される。マイルカの下顎骨を利用した腰飾りが腰部付近から見つかっており、頭部脇からはいまから約4,800年前に作られた深鉢形土器が出土している。この土器は、「甕被葬」に伴うものと思われ、同様の例は同時期の千葉県の貝塚で多数発見されている。

なお、今回の復顔の基準には、世界のいろいろな集団の顔のデータを平均化した解剖学上のデータを使用している。

人骨出土状況

復顔された縄文人

縄文人と儀礼祭祀

儀礼祭祀を考える場合、これが執り行われた場及びこれに伴う道具が、考古学的に分析する対象となってくる。町田市の田端遺跡では、後期中葉から後葉にかけて墓地が作られた。墓地形成終了後も累積的に配石が構築され、その配石はモニュメント的な機能を有するようになり、晩期前半までという非常に長い期間、祭祀の場として使われていたようである。

儀礼祭祀に伴う道具としては、土偶、石棒などが代表的なものであるが、石剣・石刀は威信財的な役割が想定される。町田市広袴遺跡出土の異形台付土器は、住居床面の南北の壁よりから対の状態で出土しており、異形台付き土器を使用した儀礼祭祀が、竪穴住居内で行われた可能性がある。

配石（町田市田端遺跡）

石剣・石棒（町田市なすな原遺跡）

異形台付土器（町田市広袴遺跡）（都指定有形文化財）

道具に関わる研究

モノ（土器・石器・木器・骨角器など）についての研究は、考古学における大きな柱のひとつである。編年、地域性、用途などが研究の視点となってくるが、これらは、縄文社会の復元にあたって貴重な情報となる。

石器

縄文石器は、時期によってその種類や形に違いがみられる。この違いは、温暖化や寒冷化などの気候、植物や動物などの生態系、道具作りの素材となる資源環境など、さまざまに変化する環境に対して縄文人が適応してきた結果を表している。

狩猟具の移り変わり

【1】草創期初頭

草創期初頭は、石槍と槍先形尖頭器が使われた時代である。石槍は、主に突き槍や手持ちの投げ槍と考えられている。あきる野市前田耕地遺跡では、石槍とともに大量のサケの骨が出土しており、細身の石槍は魚類を対象とした石銛とする説がある。また、槍先形尖頭器はクマやシカなどを対象に使われていたと考えられている。

【2】草創期前半～後半

草創期前半は、尖頭器の先端の反対側に「舌」のように突出する部位のある有舌尖頭器が出現する。有舌尖頭器は、手持ちや投槍器を使用した投げ槍の可能性が指摘されており、飛距離・命中率・射出速度に革新があったと考えられる。

また、この時期の矢柄はいまのところ見つかっていないが、矢柄を研磨するために使われたであろう有溝砥石が見つかっている。

草創期後半は、有舌尖頭器が消滅する。これに代わって、動物相の小型化という環境への適応として出現したのが石鏃である。石鏃は、弓矢の矢柄の先に装着されていたと考えられる。

弓矢の出現については、完新世に入ってからは、日本列島が世界でも最古とされている。都外では、埼玉県の矢柄が装着した状態で見つかった事例、北海道の石鏃と矢柄が出土した事例や青森県の弓矢と獲物が描かれた縄文時代後期の土器の事例がある。

【3】早期～晩期

草創期に石鏃が出現して以降、早期～後期の石鏃は、抉りの深さの違いや鋸歯縁など細かい形の変化

石槍
（あきる野市前田耕地遺跡）（重要文化財）

尖頭器
（左：多摩ニュータウン No. 796,
右：武蔵野市御殿山遺跡　市指定有形文化財）

有溝砥石
（多摩ニュータウン No. 116 遺跡）

有舌尖頭器
（多摩ニュータウン No. 457 遺跡）

無茎石鏃
（多摩ニュータウン No. 9 遺跡）

有茎石鏃
（調布市下布田遺跡）

縄文時代の狩猟具

はあったものの、基本は二股状の「無茎石鏃」が主体で、稀に菱形鏃などが存在するのみであった。

しかし、晩期には石鏃身部に「茎」が付いた「有茎石鏃」が出現し、狩猟具の中心を占めるようになる。さらには、「飛行機鏃」といわれる変わった形の石鏃も出現する。

「茎」の有無という形態にみられる変化は小さいものの、縄文時代の狩猟具の歴史の中では、それまでの伝統的な狩猟具の製作をやめ、新たな形の狩猟具の製作に大きな変化をもたらしたものと捉えられる。

【4】狩猟具の変化がもたらしたもの

縄文時代は、短期間のうちにさまざまな狩猟具が発明された時代である。この技術革新は、突き槍、手持ちの投げ槍、投槍器を使用した投げ槍、弓矢という変遷をたどり、結果として狩猟効率や行動範囲も拡がったと考えられる。

植物加工具の移り変わり

縄文時代は、石皿と磨石、台石と敲石といった植物加工具が出現し、植物利用が本格化する。これらの加工具の出現により食料資源を利用する幅が広がり、それまでの狩猟・漁撈に加え、採集の比重が増加し、縄文的な生業体系が確立した。

スタンプ形石器、抉入磨石、稜磨石（特殊磨石）などの礫石器は、早期に限定的にみられるもので、初期の植物加工具といえる。

石皿や磨石などは、旧石器時代にも存在するが、出土量では縄文時代の方が圧倒的に多く、植物資源への依存度の高さがうかがえる。近年では、縄文人による植物の管理や訓化が積極的に行われていたと考えられている。

前期は、早期のスタンプ形石器、稜磨石、抉入磨石は姿を消し、自然の楕円礫をそのまま使用したシンプルな敲石・磨石・凹石が主体となり、石皿・台石とともに前期以降も踏襲される。

前期の石器は、主に平坦で幅の広い面を使用する磨石や凹石が多用され、まったく加工が施されなくなることが特徴である。加工の多いスタンプ形石器や抉入磨石が消滅した背景には、加工の手間を省いた石器製作の効率化も関係していたのかもしれない。

また、スタンプ形石器が敲石と磨石の機能をもち合わせていたように、前期の植物加工具も、表面が石皿で裏面が台石として使用されているもの、凹石・磨石・敲石が複合したものなど、兼用された痕跡がみられることもある。このような複合的な石器の存在は、縄文石器の柔軟性を物語っている。

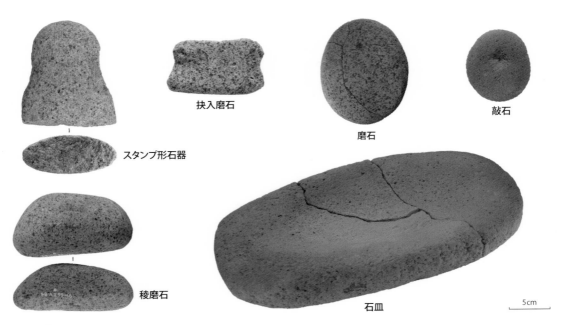

縄文時代の植物加工具（府中市武蔵台遺跡）

抉入磨石

スタンプ形石器

稜磨石

磨石

敲石

石皿

5cm

打製石斧の移り変わり

打製石斧は旧石器時代から引き継がれる石器である。縄文時代草創期には「神子柴型」と呼ばれる大型かつ優美な石斧が突如出現するが、普遍的な石斧は礫を打ち欠いて作られていた。前期頃からは全体的に加工が進んだ石斧が主流となり、中期には大量生産されるようになる。打製石斧は土掘具として陥し穴を掘ったり、根茎類を掘り出すことに使われたと考えられているが、出土数の多さが植物環境の豊かさを示し、住居数及び人口が飛躍的に増加したとされる中期という特徴を象徴していると考えられる。

また、打製石斧の形態では、中期末には石斧中央の両側部分のくびれが強い「分銅形」、後期及び晩期には基部が直線的で刃部が幅広な「石鍬形」となり、時期によって変化がみられる。

磨製石斧の移り変わり

磨製石斧は「磨かれる」ことに特徴をもつ石器である。磨く技術は、旧石器時代の局部磨製石斧（刃部を中心に磨かれた石斧）に認められ、磨製石斧の原型と考えられる。続く縄文時代草創期及び早期前半まで同石器は認められるが、早期後半以降には全面が研磨される磨製石斧が現れる。

また、形態にも改良が見られ、早期には薄手で小型だったものが、前期前半にはやや厚手で大型となり、前期後半には厚手で棒状の乳棒状石斧が出現する。中期には、その石斧にさらなる改良が見られ、定角式磨製石斧が作られるようになる。従来よりも製作に時間と手間がかかるが、切れ味と耐久性が格段にあがったと考えられる。メンテナンスも行われ、折れたものは「楔」として再利用された。

縄文石器の多様なカタチ

石器の歴史において、最も加工技術が発達し、石器の種類や量が豊富であった時代が縄文時代である。その中で、稀に奇妙な「カタチ」をした石器が遺跡から出土することがある。日常的に使用された道具として理解するには難しい石器たちは、一体何のために作られたものか、その多くが研究上いまだ明確な答えにたどりついていない。

また、土器片を利用した石器のカタチをまねたものなど、とても石器の代用品として利用できないような遺物もみつかっており、その存在理由は謎めいている。このような「生きるための目的」に直結しない道具のあり方は、生活あるいは社会が困窮しておらず、日常の中に遊び心のような「余裕」があったからこそ生み出されたと考えられる。そうした日常の中の"非日常"的な存在を見つめたとき、縄文人の心の豊かさを見出せるのではないだろうか。

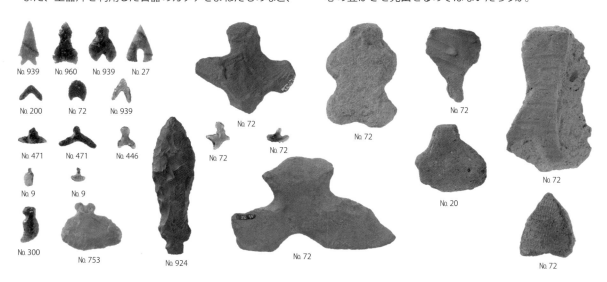

No. 939　No. 960　No. 939　No. 27
No. 200　No. 72　No. 939
No. 471　No. 471　No. 446　No. 72
No. 9　No. 9　No. 72　No. 72
No. 300　No. 753　No. 72　No. 924　No. 72
No. 72　No. 20
No. 72
No. 72

多摩ニュータウン遺跡群出土石器

1cm

縄文土器 草創期

土器

土器の機能と美の変化

　土器の機能は、主に「煮る」「貯める」「盛る」の３つの用途が考えられる。縄文時代に入り登場した土器は、まず「煮る」用途で作られた。以前は、気候の温暖化による落葉広葉樹林の出現で得た堅果類（木の実）を煮て食べるために土器が利用されたといわれていたが、最近では土器に残された炭化物（コゲ）の分析から水産資源（サケ・マス）も煮る目的だったようである。

　土器作りは最初、煮るための「うつわ」を完成させるために試行錯誤を繰り返していた（草創期）。やがて、安定して作られるようになると、用途によって形（器形）を変え、模様（文様）を付けて変化に富むようになり始め（早期～前期）、過度ともいえる装飾と大形化が進み（中期）、最後には日常生活（粗製）とマツリなどの特別なときに使う土器（精製）を作り分け、器形の多様化が進み、それぞれに合わせた機能美へたどり着く（後期～晩期）。

　このように、土器作りが進化・変化するにつれ、各時代で縄文人の土器に込めた思いと美意識の変化が見てとれる。

深鉢（町田市なすな原遺跡）（市指定有形文化財）

縄文土器 早期

深鉢（多摩ニュータウン No. 99 遺跡）

深鉢（多摩ニュータウン No. 207 遺跡）

深鉢（多摩ニュータウン No. 72 遺跡）

深鉢（多摩ニュータウン No. 243・244 遺跡）

深鉢（品川区居木橋遺跡）

深鉢（品川区居木橋遺跡）

深鉢（多摩ニュータウン No. 446 遺跡）

深鉢 (多摩ニュータウン № 67 遺跡)

縄文土器 中期

深鉢（多摩ニュータウン №3 遺跡）

深鉢（多摩ニュータウン №9 遺跡）

浅鉢（多摩ニュータウン №248 遺跡）

深鉢（多摩ニュータウン No. 300 遺跡）

深鉢（多摩ニュータウン No. 300 遺跡）

深鉢（多摩ニュータウン No. 446 遺跡）

壺形（多摩ニュータウン No. 72 遺跡）

深鉢 (町田市なすな原遺跡)

深鉢（多摩ニュータウン No. 920 遺跡）

鳥形土器（町田市なすな原遺跡）

注口土器（町田市なすな原遺跡）

注口土器（町田市なすな原遺跡）

縄文土器 後期

鉢（町田市野津田上の原遺跡）

台付鉢（町田市なすな原遺跡）

精製深鉢（北区西ヶ原貝塚）

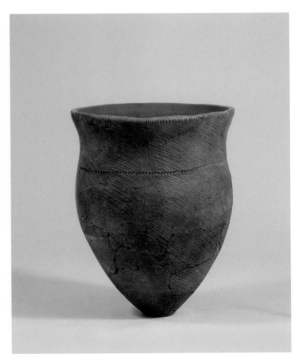

粗製深鉢（北区西ヶ原貝塚）

香炉形（町田市なすな原遺跡）

縄文土器 晩期

深鉢（板橋区小豆沢貝塚）　Image: TNM Image Archives

深鉢（町田市なすな原遺跡）

深鉢（町田市なすな原遺跡）

浅鉢（町田市なすな原遺跡）

土器作り

　1989、1990（平成元、2）年、町田市小山ヶ丘にある多摩ニュータウンNo. 245・248遺跡の調査で縄文時代の粘土採掘場（No. 248遺跡）と土器作りを行った集落（No. 245遺跡）が発見された。

　No. 248遺跡は、2,400㎡を超える大規模採掘場であり、中期から後期にかけて計画的な採掘が行われた。採掘した粘土は推定で600tを超える膨大な量であった。この膨大な採掘量から、No. 248は複数のムラの共同採掘場であったと考えられる。

　同時期のNo. 245遺跡では、住居に保管していた使用前の粘土や試し焼き用の粘土（焼成粘土塊）が出土し、中でも、51号住居跡（中期後半）からは粘土や土器製作台（器台）とともに焼成前の土器が出土し、住居内で土器が作られた様子が国内で初めて見つかった。また、遺跡からは非常に出来の悪い、下手な土器も出土している。これらは、土器作りムラの証拠として注目すべき資料である。

　No. 245ムラの縄文人がNo. 248採掘場で粘土を調達して土器を作っていたことは、驚くべきことに、各遺跡から出土した土器（中期の浅鉢）と石器（後期の打製石斧）が接合したことで考古学的に疑いのない事実となった。

空から見た調査中のNo. 245遺跡とNo. 248遺跡（右上は建築中の京王線多摩境駅）

No. 248遺跡の大規模粘土採掘跡

粘土採掘跡のアップ

No.245遺跡51号住居跡の未焼成土器

No.245遺跡51号住居跡 土器作りの痕跡

住居跡出土の上手な土器（中期）（33号住居跡）

遺跡間で接合した浅鉢と打製石斧

住居跡出土の下手な土器（中期）　（左より：33・56・38・33号住居跡）

木工・漆工の世界

木工

　縄文時代には樹木やさまざまな植物をもとに、生活や生産に必要な木器・漆器・繊維製品が作られた。木工は、作るものの目的に合った木を選び、伐採し、分断・分割して素材を用意し、徐々に加工し、製品に仕上げるまでの一連の作業をさす。製品には、そのままのものが白木作り、漆で仕上げた漆器がある。斧柄・掘り棒、丸木舟、櫂、弓、櫛、耳飾、容器、食事具などさまざまな種類のものが使われた。

　木器・漆器は他の遺物と異なり、水が沸き、酸素が供給されず、バクテリアなどの影響を受けないなど諸条件が重ならないと遺跡に残ることはない。都内でも木器・漆器を出土した遺跡(世田谷区岡本前耕地遺跡・北区 袋 低地遺跡・中野区北江古田遺跡・練馬区弁天池低湿地遺跡・小金井市武蔵野公園低湿地遺跡・東村山市下宅部遺跡)、これらを製作した遺跡(北区御殿前遺跡・岡本前耕地遺跡・下宅部遺跡)が調査されている。

　木工は最新の調査成果から、千葉県 雷 下遺跡の丸木舟や割材など大径木・小径木からの加工例や、佐賀県東名遺跡の広葉樹の容器類の例などから、早期後半には成立していたことが明らかになってきた。

　木工は、いかに素材を用意し、加工するかにかかっており、当時の工程は9つの段階に復元される。
①伐採→ ②製材(分断・分割)→ ③乾燥→ ④加工Ⅰ→ ⑤加工Ⅱ→ ⑥加工Ⅲ→ ⑦加工Ⅳ→ ⑧加工Ⅴ→ ⑨仕上げ

　この工程は中期後半には確立していたことが想定される。

伐採や製材　まず作る木器の特徴にあった木を選ぶ。たとえば容器類には主にイヌガヤ・サクラ属・トチノキなどが選ばれている。伐採に用いた斧は、東日本では主に木の枝の部分を柄に利用した膝柄が用いられ、石斧は刃を立ててやや斜め向きにし、別に用意した当て具で挟み込み、紐で縛って固定し使用した(写真右上)。

素材の用意　伐採された木は、作るものの大きさに

斧柄(桜町遺跡)

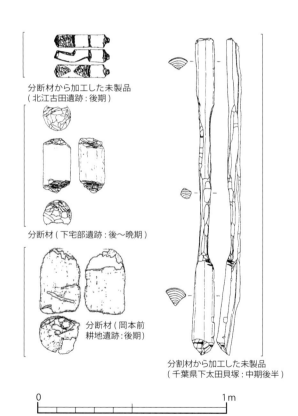

分断材から加工した未製品
(北江古田遺跡:後期)

分断材(下宅部遺跡:後～晩期)

分断材(岡本前耕地遺跡:後期)

分割材から加工した未製品
(千葉県下太田貝塚:中期後半)

0　　　　　　　　　　　　　　1m

分断材・分割材・未製品 (1/20)

合わせて分断、分割して素材をとる。下宅部遺跡の分断材は両端が円錐形で、伐採後の分断作業の痕跡をとどめている。また長い道具は、分断した後、楔を

60

用い分割した割材から加工を進めたことが中期後半の千葉県下太田貝塚の掘り棒などの未製品から分かる。後期の北江古田遺跡の未製品は、小径木から分断し、左側を上下両側から部分的に加工して柄とし、柄と身の境に筋状の抉りを入れる。クヌギを用いており、生産具と推定される（図版60頁）。

　容器などの製作は、分断材から割付し、容器の底部の曲線が、木の外側のカーブに沿うように横木取りする。

御井戸遺跡出土木器未製品（新潟市指定有形文化財）

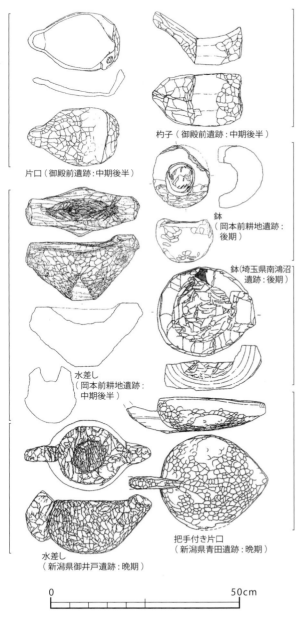

片口（御殿前遺跡：中期後半）

杓子（御殿前遺跡：中期後半）

鉢
（岡本前耕地遺跡：
後期）

鉢（埼玉県南鴻沼
遺跡：後期）

水差し
（岡本前耕地遺跡：
中期後半）

水差し
（新潟県御井戸遺跡：晩期）

把手付き片口
（新潟県青田遺跡：晩期）

0　　　　　　　50cm

木器未製品 (1/10)

加工　木器の未製品にはウロコのように残る、石斧による加工の痕跡をとどめるものがあり、木器製作の情報を現代に伝えている（図版左）。容器の中でも水差しは、縄文時代中期後半以降の関東から、後期・晩期に新潟で発達した液体を注ぐための漆器で、この地域の縄文時代の社会生活のあり方を復元する上で重要である。

　岡本前耕地遺跡の中期後半の水差し未製品はイヌガヤを用い、注ぎ口を図の右に割り付け、樹芯を残し、底に木の表側の樹皮をはいだ面を残し、中は3分の1ほど割る。工程の⑦段階に相当する。製品は下田遺跡の資料のように漆仕上げと推定される。

　後期の新潟県分谷地A遺跡では特徴的な意匠の把手をもつものが出土しており、晩期の新潟県御井戸遺跡からはそれぞれ形や大きさが異なる未製品が出土している（写真上）。

木器未製品の水漬け　木器は製作の途中で、作りかけの未製品を水に漬け、また加工するという作業を短いサイクルで繰り返し進めたものと考えられる。中期後半の御殿前遺跡では、住居のあるムラから北へやや離れた谷部の河道から、片口と杓子の未製品が並んで出土した。それぞれ器種や加工の進み具合の違うものが、穏やかな水の流れを配慮した状態で置かれていた。その後、何らかの要因で埋没し、再び掘り出されることがなかったため、当時の状態のまま保存されていた貴重な例である（写真62頁上）。

　岡本前耕地遺跡では、中期後半の流路から水差しの未製品が横倒しの状態で出土しており（写真62頁

中）、後期の沼沢地からはトチノキを用いた鉢の未製品が出土したが、当時の水漬けの状態はとどめてはいなかった。

晩期の新潟県御井戸遺跡からは、窪地から樹木集積が検出され、水差し、鉢などの未製品が出土した。

御殿前遺跡第42地点木器未製品出土状況

岡本前耕地遺跡木器未製品出土状況

御井戸遺跡木器未製品出土状況

器種や意匠、加工の進み具合の異なる容器の未製品の水漬けが確認された重要な例である（写真下）。

漆工

漆器の製作には、素地となる木器や籠などを製作して用意する。これを胎と呼ぶ。漆器には、木器を漆で仕上げたものを木胎漆器、編組製品（籠など）を漆で仕上げたものを籃胎漆器、樹皮を漆で仕上げた曲物などがある。

漆は漆の木から樹液を採集して精製する。色付けするためのベンガラ・水銀朱などの顔料を採集・調整し、漆に添加して材料を揃える。それを胎に塗布し、乾燥させ、仕上げる。漆の樹液を採集した傷の残る漆の木が、埼玉県南鴻沼遺跡、下宅部遺跡から出土している。中期後半の南鴻沼遺跡の漆の木は、長さ1.13m、長径3.5cmで、漆液を採集した際の掻き傷が9か所残る。後期から晩期の下宅部遺跡からは、漆液採集の痕跡のある漆の木が78点出土しており、杭などに転用されたため、長さが50cm以下と短いのが特徴である。

漆工に関係する道具として、顔料の製作には磨り石・石皿などの石器が用いられた。磨り潰し、粉末にした顔料は、小型の土器などに保管された。漆の保管や、塗布する作業には土器が使われ、土器は顔料と漆を調合し、漆を使うために上部を打ち欠き、漆塗りのパレットとしても使用したため、底部付近が残ることが多い。下宅部遺跡の漆工に用いた土器の内面に残る漆の皮膜痕跡の重なりから、漆工作業を2回中断し、3回作業した時間差が確認されている。漆の塗布に使われた工具は、遺物としてはまだ出土していない。青田遺跡の土器には、幅2.5cmのハケ状工具による擦痕が残り、下宅部遺跡でも幅1.5cmの痕跡が確認されている。ある程度弾力性のある繊維などを束ね、塗布用の専用のハケ状の工具を用意していた可能性がある。

縄文時代の木器容器のうち中心を占める鉢は、前期以降、多くが漆器として仕上げられる。中期後半以降に水差しが加わる。また他に杓子や弓にも漆仕上げが加わる。飾り弓は糸や紐、撚糸などを用いて装飾し、赤漆・黒漆で仕上げる。

木胎漆器の鉢は、中期後半以降、加工技術や文様

漆器浅鉢（岡本前耕地遺跡）

漆器鉢（桜町遺跡）

漆器深鉢（分谷地Ａ遺跡）
（新潟県指定有形文化財）

の彫刻技術が発達し、特に後期以降は水差し・杓子などの把手に彫刻文様をもとにした意匠を立体的に展開させ、卓越した器の形や意匠をもつ胎の製作が可能になった。また櫛については後期以降、大と小への大きさの分化や頭部装飾の発達などが加速した。

　中期後半の岡本前耕地遺跡の漆器の大型浅鉢はトチノキ製で、平面形はほぼ円形に割り付け、木口側に一対の把手を作り出し、持ち手は両側から穿孔する。穿孔は不完全で、把手の面取りも弱い（写真左上）。

　中期末から後期初頭の富山県桜町遺跡の漆器鉢は、片側に大きく輪状に湾曲する把手を削り出し、把手自体に丸みを付ける。外面底体部には帯状の浮彫を施し、かざす際に文様の効果が発揮される（写真左下）。

　後期初頭の分谷地Ａ遺跡の漆器の深鉢は、口縁に連続する三角文を細い陽刻で彫刻する。

　後期から晩期の下宅部遺跡の杓子は身を欠くが、柄はイヌガヤを用い、柄の端はＬ字状に屈曲してから逆三角形状に面を広げて立ち上げ、この部分に透かしを入れ、より立体的な表現とすることに成功している。

　漆工技術は肉眼の観察からの復元は難しく、自然科学分析から復元される。埼玉県石神貝塚の後期から晩期の籃胎漆器は、レントゲン写真から、細かく割いたタケ亜科の植物を編んで胎としていることが分かる。

　岡本前耕地遺跡の後期の結歯式竪櫛と籃胎漆器は、漆膜を実体顕微鏡を用いた後、Ｘ線透過撮影による分析した結果から、櫛は下地塗りが３層、上塗りが５層確認され、上塗りの最上層には朱漆を塗布し、鮮やかに仕上げていた。籃胎漆器は下地塗１層、上塗り７層が確認され、上塗りにはベンガラの粒度を調整していたことも明らかにされた。発色効果を熟知した漆の塗布技術が明らかにされた。

　東日本では、後期から晩期に漆器が発達する。木胎漆器の鉢などは加工技術とともに彫刻技術の発達、水差し・杓子にみられる彫刻文様をもとにした意匠の立体的な展開などの木工技術の大きな発達、漆生産の充実や熟練の製作者による塗布技術の発達と相まって、まれにみる美しい縄文漆器が生み出されたとみることができる。

漁具としての骨角器

　四周を海に囲まれている日本列島孤は、河川・湖沼等の内水面で獲得するものも含めて、多くの種類の水産物（海産物）に食料資源の一定割合を依存し、その恵みを享受してきた。このため、多くの種類の水産物（海産物）を効率的に獲得するために、用具である漁労具にさまざまな工夫・改良を重ね、多くの種類の漁具を発明し、現代まで、その祖形・原型が残存しているものも少なくない。

　漁具には、大きく網等の捕獲用具と釣針・ヤス・モリ（銛）などの獲得用具があり、ともに漁獲（捕獲・獲得）用具である。鉄器・青銅器等の金属器の存在しない縄文時代においては、海獣・大型魚・中型陸上動物の四肢骨・角などの骨格の一部が漁具の原材として使われた。このうち早期前半にすでに完成した形で登場する釣針は、強度・捕獲性を向上させるために製作技法が変化し、漁獲対象物の範囲を広げるために工夫され変遷をたどった。

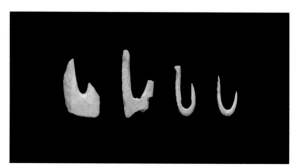

神奈川県横須賀市夏島貝塚釣針（重要文化財）

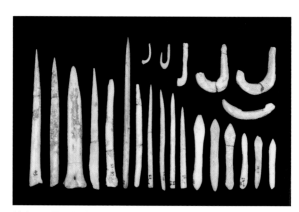

神奈川県横須賀市吉井貝塚骨角器（県指定有形文化財）

移動と供給・交易

　自給自足が原則の縄文時代、縄文人は生活必需品すべてを自ら手にできたわけではなかった。彼らの生活には欠かせないものの、調達場所の限られる材料があった。たとえば、石器の材料に重宝する黒曜石。これは火山の近くなど特定の場所にしか産出しない。

　また、縄文人にとって宝物であったヒスイ。これは新潟県糸魚川地方にのみ産出する。このような地元にはない材料、資源を入手するために交易が行われ、原産地から各地へ供給される交易ルートが開拓された。このルートを通じて、モノだけでなく、人が往来してさまざまな情報が各地にもたらされた。人が移動し、交流した様子は、時に出土品が雄弁に物語っている。

人びとの交流を物語る土器

　交易は、モノだけではなく、実際に人も動く。その証拠として、遠隔地、他の地域で使用されていた土器の出土がある。

　65頁の多摩ニュータウン遺跡出土の土器は、東北地方南部の中期後半「大木式（だいぎ）」、中部地方の中期前半「後沖式（うしろおき）」、東海地方の中期前半「北裏式（きたうら）」、東海・近畿地方の中期後半「咲畑式（さきはた）（中富式（なかとみ））」と各地で使用されていたものである。その多くは地元で作られ運ば

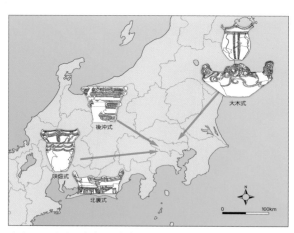

多摩ニュータウン遺跡から出土する他の地域の土器

北裏式（№ 471 遺跡）

後沖式（№ 72 遺跡）

咲畑式（中富式）（№ 72 遺跡）

大木式（№ 72 遺跡）

大木式（№ 72 遺跡）

れてきたわけではなく、どうやら、多摩地方で作られたらしい。

　見慣れない土器を作ることは簡単ではない。遠くかなたの地から人びとがやって来て、お国自慢の土器を作りながら、交流を深めたのであろう。そして、これら遠隔地の土器が多摩地域の中心的なムラ、拠点集落である№ 471遺跡、№ 72遺跡から出土している点は興味深い。

　交易ルートの形成、人びとの移動と交流には、各地域の拠点集落が重要な役割を果たしていたことを示す事例といえよう。

ヒスイロードとコハク

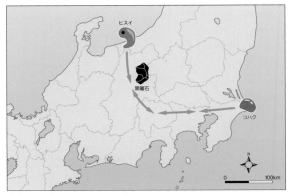

中部から関東のヒスイ・コハクロード

　新緑をイメージさせる若草色のヒスイは、縄文人をも魅了し、その稀少性から威信財（ステータスシンボル）として国内唯一の産地である糸魚川から北は北海道、南は沖縄まで全国に供給された。関東へは、長野、山梨を経て供給されたヒスイロードが想定される。都内に運ばれたヒスイは、実に70点を超え、8割以上が中期のものである。

　中期に流行するヒスイ製品は、「硬玉製大珠」と呼ばれその形状から「鰹節形」、「緒締形」、「根付形」の3タイプに分かれ、横に穴を開ける（回転穿孔）「鰹節形」が全国では一般的である。

　ところが、多摩・武蔵野地域では他の地域に比べて「緒締形」の縦に穴を開けるものが多く、供給元の糸魚川ではなくこちらで製作された可能性が高い。実際に都内から原石が出土している。縦に穿孔する難しい加工技術をわざわざ選択することに、この地域の縄文人のこだわりが見て取れる。

長野県岡谷市内出土のヒスイとコハク

　ヒスイロードを通じて、諏訪湖周辺から貴重な黒曜石も運ばれてきた。代わりに、関東からは貴重なコハク（千葉県の銚子が産地）や干貝、貝輪などの海産物や貝製品が山梨、長野へと運ばれていったようである。実際に長野県岡谷市の梨久保遺跡や上向B遺跡では、墓からヒスイ製品と一緒に良質のコハク製品が出土している。

　モノが流通するルートは一方向ではなく、双方向かつ多用途であることを出土品が物語っている。

硬玉製大珠の3タイプ

鰹節形

緒締形

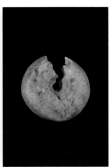

根付形

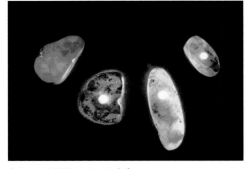

赤のコハクと緑のヒスイの出会い（長野県岡谷市上向B遺跡）

都内出土のヒスイ・コハク（大きさ約 1/3 標記）

1. 青梅市丸山遺跡（緒締）　2. 青梅市岩蔵遺跡　3. 奥多摩町滝の平遺跡（町指定有形文化財）　4・5. 多摩ニュータウン No.9 遺跡
6. 多摩ニュータウン No.245 遺跡　7 ～ 10. 多摩ニュータウン No.72 遺跡（9・10 は緒締）　11. 多摩ニュータウン No.46 遺跡
12・13. 東久留米市新山遺跡（市指定有形文化財）　14・15. 小金井市貫井遺跡　16. 八王子市高倉出土（Image: TNM Image Archives）
17. 八王子市下寺田西遺跡（緒締未製品）　18・19. 八王子滑坂遺跡（19 は緒締）　20. 八王子市小比企向原遺跡　21. 八王子市宇
津木台遺跡（緒締）　22・23. 国分寺市多喜窪遺跡　24・25. 国分寺市恋ヶ窪遺跡（25 は緒締）（市指定有形文化財）

都内出土のヒスイ・コハク（大きさ約 1/3 標記）

縄文石器の石材と産地

縄文人は自然環境にある資源からさまざまな道具を作っており、石器もそのひとつである。石器には材料となる良質な岩石や鉱物が欠かせない。縄文人は石器に向いた岩石や鉱物がどこにあるのかを知っていたと考えられ、石器の種類に応じて各地の石材を使い分けていた。

【1】遠隔地の石材

遠隔地の石材には黒曜石があり、石鏃・石匕などに利用されている。長野県霧ヶ峰と八ヶ岳周辺、栃木県高原山、神奈川県箱根畑宿、静岡県伊豆半島の柏峠に主な産地がある。また、神津島産黒曜石は海を渡って入手していたことが知られている。

黒曜石（左：長野県和田峠、右：静岡県柏峠）

【2】東京近郊の石材

埼玉県長瀞の蛇紋岩・緑泥片岩・結晶片岩、神奈川県相模川流域の緑色凝灰岩などの石材が、打製石斧、磨製石斧や石棒などに利用されている。また、山梨県甲州市、金峰山周辺、昇仙峡などに水晶の産地があることが知られている。主に勾玉などの装飾品に利用される。

水晶（山梨県）

【3】東京在地の石材

多摩川流域や荒川上流域の東京在地の石材には、チャート、ホルンフェルス、閃緑岩、蛇紋岩、砂岩、泥岩などがある。良質なチャートやホルンフェルス、泥岩（頁岩）などは、石槍や石鏃に利用される。粗質なホルンフェルス、砂岩、泥岩は、主に打製石斧に用いられることが多い。閃緑岩、砂岩、泥岩などの石材は、石皿、台石、敲石、磨石などの石材に適している。

チャート（奥多摩）　頁岩（多摩川流域）

ホルンフェルス（多摩川流域）　閃緑岩（多摩川流域）

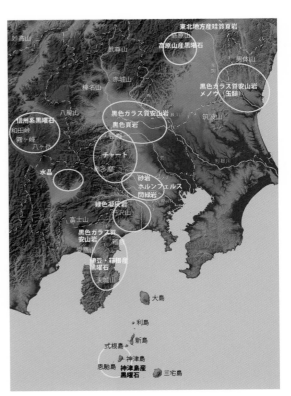

石材分布

69

第**3**章

縄文人の暮らし

東京に生きた縄文人の暮らしがどのようなもので
あったのか。海岸部と丘陵部の遺跡に焦点を当てて
紹介する。

　海岸部の遺跡は、北区西ヶ原遺跡群の御殿前遺
跡、中里遺跡、中里貝塚、西ヶ原貝塚を取り上げた。
中里遺跡の丸木舟、御殿前遺跡の土坑切り取り標本、
中里貝塚の貝層剥ぎ取り標本、西ヶ原貝塚のムラ貝
塚再現、現物もしくは原寸の再現展示を行うことによ
り、中期から後期における縄文人の日々の生活のひと
コマをリアルに提示する。

　丘陵部の遺跡は、多摩ニュータウン遺跡群のNo.72
遺跡とNo.107遺跡を取り上げた。両者ともに縄文時
代中期の大集落であり、特にNo.72遺跡は、全国的
に見ても屈指の情報量を持っている。その圧倒的な
遺物量と多様な遺物内容から、縄文人の生活力を感
じ取ることができるのではないだろうか。また展示で
は、No.107遺跡を素材として、環状集落におけるム
ラの様子を20分の1で再現した。

　本章の大きなテーマである貝塚と環状集落は、東
京の縄文時代を代表するテーマでもある。貝塚には、
大森貝塚や中里貝塚など、学史上または研究上欠か
すことができない重要遺跡があり、他にも著名な貝塚
が多数ある。環状集落は、その全貌を知り得る遺跡
が東京には数多くある。大規模発掘調査がもたらし
た大きな成果であるが、これも東京の遺跡のひとつの
特徴といえよう。

海岸部での暮らし

北区西ヶ原遺跡群

　西ヶ原遺跡群は武蔵野台地の東端に立地しており、
崖線下の東側には、東京低地が広がっている。東京
低地には、縄文海進時に海が入り込んでおり、中里
遺跡では中期の頃に形成された波食崖が確認されて
いる。丸木舟も発見されており、この頃の海岸線は崖
線付近まできていたのであろう。

　また、中里貝塚や御殿前遺跡の谷部では、低地で
の活動跡が確認されており、中期における海岸部付
近での台地と低地利用の様子を総合的に検討できる
貴重な事例である。

　縄文人の活動の跡は、早期から晩期にかけて認め
ることができ、特に中期の御殿前遺跡や七社神社裏
遺跡、後晩期の西ヶ原貝塚では、当時の海岸線がム
ラ近くにあったこともあり、海産資源との関わりを色
濃く見出すことができる。

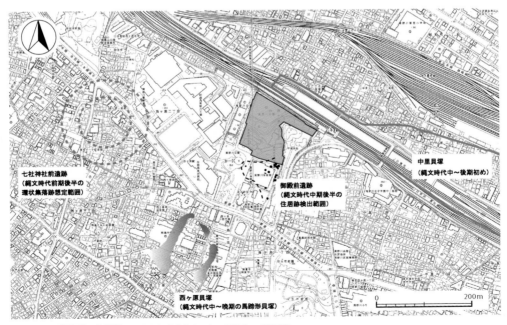

北区西ヶ原遺跡群の各遺跡（東京都埋蔵文化センター 2017 に一部加筆）

丸木舟

北区中里遺跡

　早期後半の木工技術の確立により、直径が70cmを超える大径木を伐採・製材し、樹皮を剥ぎ、中を剖り抜いて作る丸木舟が作られた。

　北区中里遺跡から出土した丸木舟は、中期初頭の頃のものとみられ、直径が約80cmに及ぶニレ科ムクノキから作られており、現存で長さ約5.8m、内部の最大の深さは約42cmで、船底部の厚さは5cmほどで、内部を深く、かつ薄く削り込んで作る技術の発達がうかがわれる。

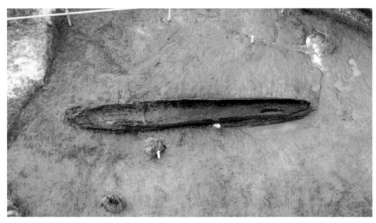

丸木舟の出土状況（中里遺跡）

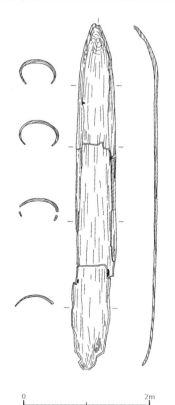

0　　　　　　　　　2m

丸木舟（中期初頭　1/60）
（都指定有形文化財）（都教委 2004）

千葉県落合遺跡

　千葉県落合遺跡から出土した丸木舟は、全長は約6.2mあり、カヤ材で作られている。1947（昭和22）年、代用燃料として使うため、泥炭層を掘削していたところ、地表下3.2m程の層位から出土した。翌年の1月には、調査も実施され、丸木舟2艘のほか、櫂も6本出土した。ただ、これらの木製品に伴う土器等の遺物は発見されなかった。縄文時代のものと推定されているが、詳細な時期については、今後の検討を必要とする。

丸木舟（千葉県落合遺跡）

貝塚にみる縄文人の暮らし

中里貝塚（ハマ貝塚）

　本貝塚は、低地に形成されており、その規模は、長さは最低でも500m以上、幅は100m以上あり、貝層の堆積は、厚い所で4mにも及ぶ。出土する貝は、マガキとハマグリがほとんどで、ハマグリのサイズを見ると、殻高（かくこう）の平均が43㎜と大型で、サイズのばらつきが少なく、大ぶりの貝を選んで採取していたようである。

　また土器、石器などの人工遺物の出土は極めて少なく、日常生活に伴って廃棄された貝というよりは、貝の加工等に伴って廃棄されたものと思われる。

　縄文人たちは、中期中葉から後期初頭という約700～800年の間に、当時の浜辺付近で、貝の採取、加工処理、そして廃棄という作業に断続的に携わり、その結果、このような大規模貝塚が形成された。

中里貝塚の貝層堆積状況

塩作り

　今まで縄文時代の製塩については、「海水直煮法」という技術で説明され、晩期初頭に出現する製塩土器という製塩のための煮沸用具を対象として、製塩の時期・地域的な様子が考えられてきた。しかしながら、近年、製塩跡から海藻に付着する微小生物遺存体（ウズマキゴカイ）が見つかり、海藻を灰にしていたことが分かり、「藻塩法」という製塩技術が縄文時代にも存在していることが示されている。この製塩技術は、「海水直煮法」よりも効率的に塩を結晶化することが可能で、これまでの研究でこの技術は中期後葉まで遡ることが判明している。

製塩土器

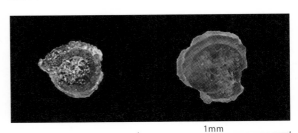

1mm

ウズマキゴカイ（阿部 2019）

西ヶ原貝塚（ムラ貝塚）

【1】ムラ貝塚の様子

　ムラ貝塚では、土器、石器、土製品、土偶、骨角器、貝製品などの人工遺物に加え、当時の人たちが利用していた哺乳類（イノシシやシカなど）の他、魚類、貝類などが出土する。縄文ムラに関わる生活全般の遺物が含まれており、多様な食料に関わる情報も豊富である。

　人骨が出土することが多いことも大きな特徴である。西ヶ原貝塚でも17体以上の人骨が発見されており、後期前葉から中葉にかけて、土坑墓が住居跡や住居に隣接する場に作られている。後期の初頭には、土器棺がみられ、土器内からは、胎児骨が見つかっている。

　新生児・乳児・幼児対象の土器棺は、同時期、東京湾沿岸の遺跡で確認することができ、特に、千葉県での出土例が多い。

土坑墓から発見された人骨

貝層と共に出土した土器や鹿角

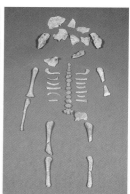

土器棺と胎児骨

住居跡から発見された貝層の断面

74

【2】祭祀の場と道具

　祭祀関連の遺構としては、筒形土偶の埋納例がある。ほぼ完形の筒形土偶（83頁）と胴下半部のみの個体が隣接して埋納されていた。土偶の出土場所は、他の遺物と変わらない場合が多いが、最近は埋納例も増えてきている。

　住居跡の床面上からほぼ完形の注口土器が2個体出土している。住居跡の奥壁近くなどで複数の注口土器が出土する例は、町田市なすな原遺跡などでも知られており、注口土器を非日常の道具と考えた場合、その使用方法を推定するうえで今後手掛かりになる可能性がある。また、住居跡の覆土中から出土した瓜二つの深鉢形土器は、出土土器の特異性から、何らかの祭祀に伴って廃棄されたのかもしれない。

住居の床面上に残されていた土器

埋納された筒形土偶

瓜ふたつの土器

　堀之内2式の深鉢形土器。個体毎にまとめて1か所に廃棄されていた。両個体とも、底部を欠損していたが、左側の個体の底部破片は9m程離れた地点から発見された。

突起の形態と縄文施文の有無について、違いを見出すことができるが、器形・胎土・文様モチーフは同一で、施文具は同様の効果を出す道具が使われている。

堀之内2式土器

土器の出土状況

【3】ムラ貝塚の一景観

　10m×16m程の範囲から、おびただしい量の縄文時代後期の土器（堀之内式土器）が出土している。その点数は、20,000点以上あり、個体として数えることができる資料は100点余りある。

　ここには、少なくとも4軒の住居が時期を違えながら構築されており、その竪穴住居の跡地に断続的に土器や貝等の廃棄が行われた。その結果、土器を多量に含む遺物包含層が残されることとなった。

土器集中地点の遺物出土状況

出土した縄文時代後期の土器

低地における活動

　御殿前遺跡直下の谷部からは、中期後半頃の縄文人の
低地での活動を物語る遺構が発見されている。谷筋付近
からは、15基の土坑が見つかっており、これらでは、木の
実の保存や処理（虫殺し等）が行われたと思われ、展示品
は、この内の1基である。現場から切り取った土坑をその
まま保存しており、土坑の底部及び壁面には、笹類を利用
した編組製品が残っていた。

　このほかには、入り江状には入り込んだ部分で石敷き状
遺構が見つかっており、縄文人たちが低地での足場にした
と思われる。また、旧河道脇からは、杓子の未製品と片口
の未製品（62頁写真上）が並んで出土しており、水漬け等が
行われたと思われる。割材や分割材も出土しており、縄文
人たちがこの場付近を木材加工の場として利用していた可
能性がある。

編組製品が残っていた土坑

丘陵部での暮らし

　展示では、縄文時代中期の環状集落（多摩ニュータウン No. 107 遺跡）をモデルとして、集落の景観を再現した。中央部に墓地があり、その周囲に住居が作られている。周囲にはさまざまな自然の恵みをもたらす豊かな森と川があり、その中で、大地と共に共生していく縄文人の生活を垣間見て頂きたい。春夏秋冬、季節ごとにさまざまな生業が行われていたが、本展示ではそれらを一括している。集落は、台地先端の平坦部に立地している。集落は日当たり、水はけがよく、すぐそばには川があり、水の確保、さらには舟による移動に便利な場所である。現代の不動産の条件にも当てはまる。

一括廃棄された土器群

縄文の集落

一括廃棄遺物

　竪穴住居跡にはまとまって土器・石器が出土することがよく見られる。これは、住居が廃絶（住まなくなった）され、土砂が埋まる過程で、同じ集落の別の居住民がこの窪地に廃棄した結果、多量の遺物が出土したものである。中には完形品などもあり、単なる不用品ではなく、何らかの意図をもって廃棄していると考えられる。縄文時代の集落の一景観である。写真右上は、多摩ニュータウンNo. 72 遺跡で発見された住居跡と土器群で、一括して廃棄されたものと思われる。

生業

　縄文人が使用していたさまざまな道具である。狩猟・漁労・採集、食料加工、伐採・掘削、服飾加工など、

生業の様子

群在する陥穴

78

陥穴に設置された捕獲用杭

多種多様な道具を編み出し、それらを効率的に使用していた。その形状は現代の道具につながるものも多い。

まつりの道具

　日常の生活用具ではなく、儀礼・祭祀などに使用されたと思われる道具である。実際の用途が明らかではないものも多い。縄文人の精神生活を考えるうえでの貴重な資料となる。

埋葬の様子

まつりの道具（丘陵人（おかびと）の肖像など）

服飾

　縄文人は編み物をしていたことが判明している。おそらくは写真のような服を着て生活していたと想像される。また、髪・耳・首・腰飾りなど、さまざまな装飾品を身に着けていた。素材は、木・骨・石・土などで、装飾性に優れたものも造作していた。

縄文ファッション

暮らしの中の道具類

煮炊きに使われた深鉢形土器、狩猟に用いられた石鏃など、縄文人は様々な道具を使っていた。本節では、装いに関わる装身具、縄文人の祈りの一側面をうかがうことができる土偶について取り上げる。

装身具

櫛、笄・簪（ヘアーピン）、耳飾、垂飾、腕輪、腰飾り等、多様な装身具が発見されており、素材は、石製、土製、木製、骨角製、貝製がある。耳飾の発見例は比較的多く、玦状のものが、縄文時代早期の終わり頃から見られる。これは、1か所に切れ目を入れて耳にはさんで装着するタイプであり、縄文時代の前半期に多く見られる。

中期以降の後半期になると、耳栓や滑車形耳飾のような耳に穴をあけ、そこに装着するタイプが主流となり、各地で発見されている。では、装身具の役割として、何が考えられるのであろうか。身体装飾という基本的な部分以外も考える必要があろう。垂飾にはヒスイやコハクを素材に製作したものがあり、貝輪にはオオツタノハを使用したものがある。これらは、遠方の素材を使用した稀少な装身具であり、その役割を考えるうえで興味深い。

石製玦状耳飾（北区七社神社前遺跡）
（区指定有形文化財）

木胎漆塗り耳飾（北区袋低地遺跡）

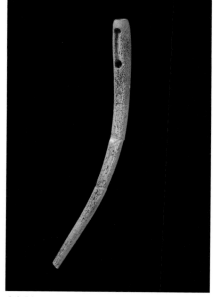

鹿角製腰飾（北区西ヶ原貝塚）

土製耳飾（多摩ニュータウンNo.72遺跡）

土製耳飾（調布市下布田遺跡）（重要文化財）

イノシシの牙製垂飾
（北区袋低地遺跡）

イタボガキ製垂飾（北区西ヶ原貝塚）

ヒスイ製垂飾（町田市田端遺跡）

オオツタノハ製貝輪（北区西ヶ原貝塚）

東京の縄文土偶

　東京都内からも縄文時代中期〜晩期に至るまで、数多くの土偶が発見されている。土偶はその形や姿から、新たな生命の誕生や、祀りの神像、豊かな社会への祈りなど、さまざまな願いが込められていたと考えられてきた。おそらく縄文人も現代のわれわれと同じように、平和な社会や皆の幸せといった想いを土偶に込めていたのであろう。

　この東京で暮らしていた大昔の縄文人たちは、土偶にどのような願いや祈りを込めて作り、祀っていたのであろうか。

中期の土偶

　東京の縄文時代中期の土偶は主に多摩地域で発見されている。勝坂式土器期のものは顔や人体表現がはっきりと造作されているが、後の加曽利E2式土器期の連弧文土器が出現する時期になると、小型の土偶が数多く発見される。

　足が表現されている有脚型、省略された無脚型のものがあり、この無脚型は顔の表現も省略されているものが多いことが特徴である。この小型の土偶は背面人体文土偶と呼ばれている。

土偶（三鷹市坂上遺跡）（市指定有形文化財）

土偶（府中市本宿町遺跡）

土偶（あきる野市草花遺跡）

土偶 （武蔵野市御殿山遺跡）

土鈴形土偶 （八王子市楢原遺跡）

さまざまな中期の背面人体土偶 （多摩ニュータウン№9遺跡）
（都指定有形文化財）

後・晩期の土偶

　縄文時代後・晩期にはハート形土偶、筒形土偶、山形土偶、みみずく土偶、遮光器土偶などバリエーションに富んだ姿や形の土偶が発見されている。この多様なあり方は、他の地域に分布の中心をもつ土偶を模倣して製作したものや、その物自体が他の地域から搬入されたものと考えられているが、特に遮光器土偶は模倣されたものが多く、遮光器系土偶とも呼ばれている。

ハート形土偶 （北区東谷戸遺跡）（区指定有形文化財）

ハート形土偶

　顔のかたちから名づけられたハート形土偶であるが、都内で発見されているものはハート形ではないものである。だが、これらの土偶の特徴として、上向き気味に前に突き出ている顔、両肩から垂下する手、張り出した腰から造作された足などの全体的なフォルムから、ハート形土偶と同じ系列のものと捉えられている。

ハート形土偶 （板橋区赤塚城址貝塚）

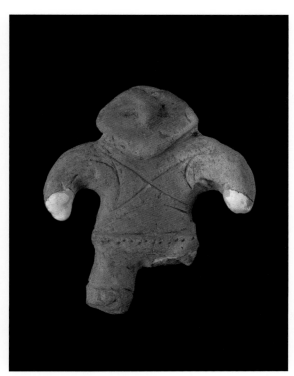

山形土偶 （目黒区東山貝塚）

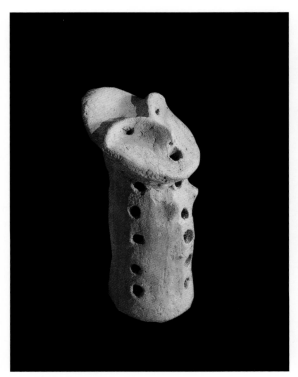

筒形土偶 （三鷹市ICU構内遺跡）

筒形土偶 （北区西ヶ原貝塚）

中空土偶

　北海道函館市著保内野遺跡出土の中空土偶と類似しており、遠く離れた北海道と東京とのつながりが注目される資料である。

中空土偶（町田市田端東遺跡）（市指定有形文化財）

土偶（三鷹市丸山A遺跡）（市指定有形文化財）

さまざまな後期の土偶（あきる野市中高瀬遺跡）

みみずく土偶

　表情がミミズクに似ていることから呼称されている土偶である。このみみずく土偶の特徴として、結った髪型が表現されていること、顔の輪郭や眉は隆帯、目や口は小粘土塊の貼り付けにより造作されていることが挙げられる。くびれた胴部と張り出した腰から直線的に両脚が造作される。

みみずく土偶（町田市なすな原遺跡）

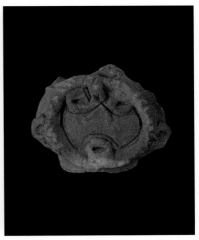

みみずく土偶（大田区下沼部貝塚）

みみずく土偶（大田区下沼部貝塚）

みみずく土偶（北区西ヶ原貝塚）

遮光器系土偶

　遮光器土偶は目の表現が独特な主に縄文時代晩期の東北地方で発見される土偶で、その分布は近畿地方まで広い範囲にわたる。都内でも発見されているが、東北地方の遮光器土偶を模倣して作られたと考えられている。

遮光器系土偶（調布市下布田遺跡）

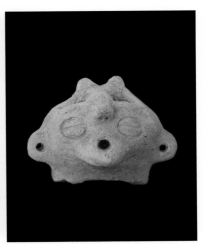

遮光器系土偶（武蔵村山市吉祥山遺跡）

第**4**章

꙰

考古学の未来

戦後の経済成長に伴う発掘調査件数の飛躍的な増加によって、数多くの遺跡が調査され、さまざまな成果が得られた。それらが貴重なものと認知されるためには、遺跡の調査に理解を求めようとした〈自治体・開発事業者〉、調査成果を広く知らせようとした〈考古学研究者〉、報道した〈マスメディア〉、そして、自分たちの住む街・地域にある遺跡に関心をもった〈市民〉の4者が、互いに歩み寄り、協力することが不可欠であった。いまでは、遺物や写真などは博物館に展示され、貴重な遺跡は公園などにより保存されることで、多くの市民の目に触れる機会を得ている。

私たち考古学研究者や遺跡の記録保存の作業にあたる者は、遺跡に関わる情報を誤りなく、もれなく記録・保存するために、考古学や歴史学のみならず、土壌・地質学をはじめ、出土遺物保存処理などの関連する分野とも共同して遺構・遺物の分析と解釈を行ってきた。そして、発掘調査の成果から、人びとの人物像や生活、暮らした周囲の環境をできる限り復元しようと、研究を重ねてきた。しかし、これからの考古学に求められるものは、発掘調査や研究の成果を市民に向けてより広く公開し、市民も参加・参画し、体験する活用方法の提示であろう。

これまでどおり遺跡の記録・保存や研究に最大限の努力をすることに加え、市民・社会が幅広く活用できる資料を公開していくことが考古学の未来である。

「考古学を楽しむ」ということ

「考古学に親しむ」という言葉は、よく目にするだろう。遺跡から発見される土器や石器、あるいは住まいに触れ、遠い昔に思いを馳せることである。

一方、「考古学を楽しむ」ことは、昔の人びとの暮らしを追体験することであろう。復元された住まいに入り、当時の道具を使い、復元された「ムラ」に身を置いて、当時の風を感じて、考古学を楽しんでもらいたい。

ではなぜ、「考古学を楽しむ」ことが重要なのだろうか。それは、祖先が歩んできた道をたどることが、明日・未来への道標となるからである。そのことが、未来へと繋がっているのである。

親しみやすい考古学

戦後、国家の形成に関する自由な論議が可能になり、社会・文化の源流への関心が高まっていった。特に1972（昭和47）年の奈良県高松塚古墳の発掘調査を契機として、考古学の発見が市民の関心を集めるようになった。

高度経済成長期以降、遺跡の調査件数が増加し、各地で発掘成果が注目を集め、一部は遺跡公園として整備され、遺跡調査に携わる人びとの数も増加した。その結果、遺跡や考古資料は、博物館や報道などで見る遠い存在から、日常的に接することができる身近な存在として親しまれるようになった。

現在では、学校教育との連携や遺跡公園などの活用が進み、市民が体験しながら楽しむ考古学へと移り変わっている。

学校教育への取り組みの様子

市民の縄文土器作り体験の様子

エピローグ
埋蔵文化財の保護と活用

日本各地で行われる発掘調査により、遺跡から得られる情報は、日々更新されている。これまでに積み上げられた成果は、原始・古代から中・近世に至るまで膨大なものになっており、考古学研究や関連する諸分野に大きく寄与するものである。学校教育や生涯学習などの市民生活の分野への貢献も期待され、遺跡情報のもつ価値は計り知れないものがある。

一方で、発掘調査をすることは、遺跡の現状を変更してしまう。一度発掘調査によって掘り進めた遺跡は、二度と元の状態に戻せない。遺跡を現状のまま後世に伝えることが理想的ではあるが、かつてはさまざまな原因により調査をしないまま破壊され、消滅してしまう遺跡もあった。現状の変更を免れない場合、遺跡から得られる情報を記録しなければならない。そのため、遺跡を復元することのできる情報を正確に記録し、将来の公開・活用のために遺すことが、遺跡を調査する者に課せられた責務である。

本来、遺跡の調査は、学術的な動機によりなされるものである、という意見もある。しかし、戦後の開発の増加は、そのまま遺跡の破壊へと繋がり、発掘調査体制の拡充は急務であった。日々進む開発に合わせて、学術的な見識と技術を使って遺跡が記録される体制が生み出されたことは、これまでの文化財保護行政の大きな成果である。必要充分な遺跡の調査を実施し続けるためにも、今後の文化財保護体制のさらなる充実を願っている。

開発と遺跡

昭和40年代までの遺跡の調査風景は、新たなる発見と資料の蓄積を目的としたものであり、有志が集い、どこかのどかで「発見の期待」にあふれたものであった。しかし、経済成長に伴う国土の改変により、数多くの遺跡が現状変更を余儀なくされた。このため、調査の風景は、土木機械を駆使した大規模なものとなった。

一方で、調査の増加により、膨大な資料と発見が得られ、調査成果が蓄積された。遺跡は消滅と引き換えに、「記録」という形で歴史情報をもたらしたのである。この記録は考古学の研究を進展させ、その研究成果によって調査精度は年々向上し、さらに精緻で科学的な調査を行うことを可能としている。

史跡整備と観光考古学

遺跡は、考古学の研究対象であると同時に、地域の文化資源でもある。2019（平成31）年の文化審議会の答申において、過疎化、少子・高齢化などの社会状況や地域社会の急速な変化のなかで、日本各地

遺跡に堆積した土をはぎ取る様子

遺跡に堆積した土層を記録保存する方法は、写真撮影や図面作成が一般的である。しかし、土層を直接保存するために、樹脂を遺跡の土層断面に吹き付け、表面をはぎ取って記録・保存する方法もある。実際の土の堆積状況、質感など、写真・図面では伝わらない視覚的な情報を保存することで、遺跡を追体験することができる。

品川区居木橋遺跡で得られた縄文時代前期の小規模貝塚の堆積土をはぎ取った標本である。遺跡を構成する竪穴住居跡などの遺構の形成と埋没を、実体験しているように感じることができる。

居木橋遺跡の貝層

の貴重な文化財の滅失・散逸を防ぎ地域社会全体で
文化財の継承と保存に取り組むことのできる体制の
整備が喫緊の課題であると指摘され、遺跡について
も地域社会に根差したものとして整備・活用すること
が求められている。

　同様に、遺跡と周囲の景観を地域の観光資源と位
置づける「観光考古学」が提唱されている。観光資
源として活用するためには、遺跡の整備、展示施設
の設置などの社会資本の投入も必要とするが、調査・
保存・活用の理想の形態として期待される。

国宝・重要文化財

　国宝は、社寺・城郭、工芸品、書籍・典籍、古文
書などが数多くを占めるものの、縄文時代から奈良・
平安時代の考古資料も指定されている。各時代の人
びとの精神生活の豊かさと道具・用具を製作する高
い技術が表象されたものである。

　「長野県棚畑遺跡出土の土偶」は、縄文時代中期
に作られたと考えられ、"縄文のビーナス"と呼ばれて
いる。頭部の文様や顔面表現は同時期に作られた土
器に施される意匠と共通しており、体は女性を表して
いるのだろう。

　「長野県茅野市中ッ原遺跡出土の土偶」は、縄文
時代後期前半に作られたと考えられ、"仮面の女神"
と呼ばれている。ヒトが顔に三角形の仮面をつけた姿
を思わせる形であることから、仮面土偶と呼ばれるタ
イプの土偶である。

世界遺産への登録

　世界遺産は、文化的な伝統もしくは文明の存在を
伝承する存在を登録の基準としている。近年、日本
では、現存する寺社群と考古遺跡を合わせた「平泉」
や「宗像・沖ノ島」、天皇陵を含めた「百舌鳥古墳群
及び古市古墳群」といった、考古遺跡を中心とする世
界遺産が相次いで登録された。

　さらに17の考古遺跡で構成される「北海道・北東
北の縄文遺跡群」が世界遺産に登録された。この遺
跡群からは、長年の発掘調査により農耕以前における
人類の生活の在り方や精神文化を顕著に示す物証が
得られている。墳墓や建築物が主体を占める世界遺
産にあって、埋蔵された遺跡の発掘成果を主軸とする
登録は、遺跡の保護と活用に新たな道筋を与えるも
のと期待される。

縄文のビーナス（長野県茅野市棚畑遺跡）（国宝）

仮面の女神（長野県茅野市中ッ原遺跡）（国宝）

第2部

縄文を探る

対談
縄文人の知恵

山田昌久（東京都立大学名誉教授）

藤森照信（東京都江戸東京博物館館長　東京大学名誉教授）

※作画はすべて想像図となります。

着る

藤森：よろしくお願いします。今回、縄文展をやることになりました。ほとんどの博物館がやる縄文展は、「土偶」と「土器」のふたつに限られていますが、今回は衣食住といった日常生活や、祈り、移動といった「縄文人の暮らし」が分かる展示にしたいと思っています。

山田：それは良いですね。

藤森：最初に、「衣」。服飾のことを聞きたいです。縄文の展示を見ると、かならず皆さん麻で出来た服を着ているように思います。でも、私が一番分からないのがこの服のことで、縄文人は本当は何を着ていたのか。このあたりの資料は残ってないんですか。

山田：各地で古くからアンギン編みの小片遺物は発見されていました。北海道の朱円遺跡で、人骨に付着したアンギン編みの服の断片と思われる資料が見つかっています。

藤森：アンギン編みっていうのは、縦横の簡単な編みですよね。それは何か植物の繊維で作られたものなのですか。

山田：そうですね。

藤森：でも、服の全体像は分からないんですね。

山田：服の全体像というものは残ってないんですが、土偶の服装の表現から推測することができます。例えば、ズボンのような形の穿き物がありそうだとか、襟を合わせるような上着がありそうだとか、そういったものから服を想像しています。でも、縄文時代って1万5〜6,000年前から3,000年前まで続きましたから、非常に長い。全部の時代に共通した表現があるかというと、残念ながらないんですね。ただ、縄文時代の前期（7,000年前）くらいから新しい時期には、そういった遺物が豊富になるので、状況証拠的に想像することができます。

藤森：もうひとつ私が分からないのは、毛皮の服については着ていた可能性はあるんですか。

山田：毛皮については証拠があまり残っていないですね。

藤森：そうですよね、たんぱく質だからすぐに分解されちゃう。

山田：ただ、それに関連して言うと、青森県の是川中居遺跡から木の皮で作った大きな円筒形の容器が見つかっています。ケヤキの皮で作った曲げ物で、ふたがあるんです。これが何に使われていたかというと、断熱性や吸放湿性の機能から、たぶん動物の皮で作った服なんかをしまっておくための物だったのではないかと私は考えています。

藤森：いわば今の衣装箱みたいな。

山田：そうです。そういう史料が見つかってはいるんです。そういったものから断片的に、毛皮を使っていたという可能性はあるんですけども、現在の考古学の証拠で考えていくと、昔の漫画で毛皮をまとった原始人のような表現がよくありましたけども……。

藤森：ありましたね。「はじめ人間ギャートルズ」（笑）

山田：そういったものより、縄文人は植物の繊維をいち早く利用して、布を作り、それをまとっていたと考える方が自然です。そういった証拠が圧倒的に多いんです。だから裸に毛皮をまとっていたのではなくて、繊維を編み込んだ布を体にまとわせていたんじゃないでしょうか。

藤森：では、ズボンのようなものも穿いていたんですか。

山田：どうも土偶の表現によると、下半身はスカート風のものではなく、ズボンのような表現が認められます。

藤森：そうすると、和服に近い感じですか。

山田：よくイメージされるような、毛皮に穴を開けてひょいっと着るようなもの（貫頭衣）よりは、そちらの方が

近いかもしれませんね。

藤森：ズボンを紐で締めたりはしてたんですか。

山田：紐はありました。東京の下宅部遺跡では弓に巻き付けた糸が見つかっています。各地の遺跡では、糸・紐・縄などさまざまな太さの史料が発見されています。北海道のカリンバ3遺跡のお墓の中からは、頭にたくさんの櫛があったり、腕輪があったりする人物が発見されました。おなかのところに赤い紐が巻き付いてるんですよね。ですので、これは服に合わせた紐であろうと言えると思います。

藤森：赤っていうのは鉄さびか何かの色ですか。

山田：いや、これは漆を塗ってるんです。どういうわけか縄文人は、漆を硬くしないで柔らかくする技術を持っていたんですね。一本一本の糸に漆が塗られていて、今だったら硬くなってポキポキと折れてしまうのに、それを絞って縛っている遺物がずいぶん見つかってる。

藤森：それは今はない技術ですよね。

山田：おそらく漆が固まらないように油を多く混ぜるとか、何かそういう工夫があったんだと思います。

藤森：では、縄文人は紐を作ったり、編んだりっていう技術がものすごく発達していたんですね。「縄文」という名前の通りですね。

山田：具体的には、カラムシやアカソというイラクサ科の植物の繊維がよく使われていました。木の皮の内側の、靭皮と僕たちが呼んでいる部分、そういう皮を剥ぎ取って使っていました。

藤森：硬いところと芯の間にあるような。

山田：柔らかくて糸にできる部分ですね。そういうものを使っていた、と言われています。

藤森：蔓性の繊維はたくさんいろいろありますから、現在まで伝わっているものもたくさんありますよね。シナやアケビやフジもありますし、クズからの葛布も。芭蕉布は関東ではちょっと難しいか。

山田：蔓については、発見されている遺物の蔓の種類を調べた研究があるんですよ。これはアケビだとか、ツヅラフジだとかっていう植物種まで分かっている。そう

いった調査から分かる通り、草や、蔓や、靭皮といった植物繊維を利用して、さまざまなものが作られていたのは間違いないですね。

　先ほども出てきた、東村山の下宅部遺跡では、植物の繊維を薄く剥ぎ取って水にさらした状態のものが出てきています。

藤森：じゃあ、糸にする前の、加工段階も分かってきているんですね。

山田：そうですね、取った後にただ撚るんじゃなくて、水にさらして、いろんな雑味をよけているものが見つかってます。4,000年くらい前の史料ですね。

藤森：そうですか。じゃあ、現在考えられるような植物繊維の取り方を当時すでにやっていたと言っていいんですか。

山田：そうですね。織る技術があったかどうかはまだ分かっていないんですけども、植物の繊維をうまく取り出して、撚ったり編んだりして、糸や紐、縄や布を作るということは、縄文人は普通にやっていました。

藤森：では世界的に見ても相当発達していたんでしょうね。私は世界の新石器時代の遺跡を結構見てきたんですけども、糸や縄は展示されていませんでしたから。

山田：ヨーロッパにも、古い時代に縄を使った民族の事例があったりもするんですけれども、なかなかそういった繊維の情報は遺跡には残りにくいですからね。

藤森：まあそうですよね。では靴はどうしていたんでしょうか。

山田：靴型の土器が少数発見されています。また、これもやはり土偶頼みになってしまいますが、藁を編み込んで作った靴をかたどったと思われる遺物が見つかってはいます。

藤森：アイヌはサケの皮で靴を作ったりしますが、そういったものは見つかっていないんですね。

山田：やはり動物性の皮というのはなかなか残っていなくて。植物性のものは水につかっていれば残っているんですが。ただ、使っていた可能性は高いと思います。

藤森：なるほど。縄文人の服装がなんとなく分かってきました。

獲る・食べる

藤森：つぎに食事について。当然、植物性のものに限らず、動物性のもの、昆虫ですとか、おそらくありとあらゆるものを食べていたと思われますけども、たとえばヨーロッパなどの地域と比べて植物性のものが多かったとか、あるいは動物性のもののなかでも肉が多いとか魚が多いとか貝が多いとか、そういった特徴は分かっているんですか。

山田：縄文時代の研究の歴史を見ていくと、当初、シカやイノシシなどの骨がたくさん遺跡から見つかるので、動物の狩りを中心に生活していた人たちだと思われていました。ところが、1970年ごろの研究では、ドングリやイモなどの植物が意外と食べられているという説が出てきて、動物と植物をうまく組み合わせた食事だというのが分かってきました。それから動物も、陸生動物だけじゃなくて、北海道の日の出貝塚や朝日トコロ貝塚からは、トドとかアシカ、オットセイなどの海獣の骨が見つかっていますし、東京湾ではイルカを獲っていたことも分かっています。

藤森：じゃあ、当時の海にはそういった生き物がたくさん来てたんだ。

山田：はい。イルカが見つかっているのは神奈川県横浜市の称名寺という遺跡です。そこの貝塚からは、イルカの骨が10何体分も見つかっています。だから、海の生物の狩りをする技術もあったということですよね。

藤森：じゃあ、当時の古東京湾に来ていた魚や海獣はほとんどの種類を全部食べていたんですか。

山田：そうですね。7,000年くらい前には、銛だとか釣針だとか、さまざまな漁労具が作り分けられてくるんですよ。つまり、獲りたい魚に合わせて釣針やヤスを使い分けていた。そういう意味では、縄文時代の人は魚を手にする手段を豊富に持っていた。あとは丸木舟で沿岸部に乗り出してサザエを獲ったりもしていたようです。

昭和の最近まで行っていた、見て突いて獲る漁、見突き漁というのがあるんですけど、そのための道具が鳥取県富繁渡り上り遺跡や島根大学構内遺跡で見つかっています。縄文人は、単に陸で釣りをするだけではなくて、沖にも行くし、沿岸では海の底を見ながら獲るということもやっていたんですね。

藤森：ということは、追い込み漁みたいなこともやってたんですかね。

山田：追い込み漁の可能性はあります。それこそイルカみたいな大型のものは、単に釣り上げるのは難しいですから。何人かで協働して、舟や網をうまく使って、追い込んで獲るようなことはやっていたと思いますね。

藤森：網はある程度使っていたんでしょうか。

山田：網については、実物が見つかっている例もいくつかありますし、宮城県里浜貝塚では網を作るときに使うアバリというものも見つかっています。ですから、縄文人は繊維を糸にして、それを編み込んでいって、服も作ったし漁労用の網も作ったといえるでしょうね。

藤森：じゃあ現在われわれが知っている、単純な魚の獲り方はだいたいやっているとみていい。

山田：海だけではなく、内陸の河川に目を向けると、北海道紅葉山49号遺跡でヤナのようなものだとか、それから岩手県萪内遺跡でエリと呼ばれる罠猟（川の中に杭を打ち込んでそこに魚を追い込む）も行っていたようです。

藤森：ウケみたいなものは見つかっていないんですか。私らが子どもの頃に、一番着実に魚が捕れたのはウケなんですよね。子どもでも仕掛けておけば、簡単にドジョウなんかが獲れる。そんなような仕掛けもあったんでしょうか。

山田：ウケ自体の発見例はなかったのですが、最近になって、これはウケだろうというのが見つかっています。これに限らず、魚を獲る仕掛けについては、本当にいろ

いろなものが見つかっています。先ほど言ったヤナやエリだけでなく、もっと大掛かりなものもあったようです。たとえば、銛ひとつとっても、柄が3mくらいのものが見つかっている。

藤森：それは相当なものですね。

山田：柄の先端に別の木を接ぎ木して、うまく海の底まで届くようにしていたんでしょうね。いまでも船の上から海中の様子を探るために、底が透明の箱のようなものを使いますよね。ああいったようなものがたぶん縄文時代からあったんだと思います。

藤森：あとは誰でも獲りやすい貝がありますよね。特に東京の遺跡には貝塚がたくさん残っている。貝も相当たくさん食べられていたんですか。

山田：実はモースさん（24頁）が最初に貝塚を見つけたとき、貝の種類を相当調べたんです。

藤森：考古学のスタートですよね。

山田：はい。そのときに分かったのが、貝のなかでも、人が入れる浜辺のようなところにいる貝から、潜水しないと獲れないアワビのようなもっと深いところにいる貝まで、いろいろな種類の貝が遺跡には残っていたんですね。特に縄文時代の終わりの頃になると、アワビが見つかる遺跡が多くて、その頃にはずいぶん深くまで潜ることができていたようです。それから貝塚の中には、シジミの種類の中でも、海の塩水じゃなくて、汽水域で獲れるような貝が、埼玉県の入間川、荒川の中流にあたるところから見つかっています。そのあたりの情報から、当時の海がどこまで入り込んでいたかが分かります。

藤森：当時といまでは海も陸も形が違ったわけだ。そうすると、陸のことも気になるんですが、都の埋蔵文化財センターに行ってびっくりしたのが、谷じゅうが落とし穴なんてところもあるんですね。あんなに落とし穴を盛んに作っていたのかと驚きました。動物は、弓矢で射たり、槍で突いたりということの他に、罠で捕まえる。特に落とし穴のようなものは相当広くやられていたんですかね。

山田：落とし穴は全国で見つかっていて、数えきれないくらいですね。ひとつの遺跡で何百という落とし穴が見つかることもそんなに珍しくなくて、山陰の大山山麓では、本当にあちこちに落とし穴が作られている。ではなぜそんなに落とし穴が作られたのかということなんですが、ある実験の結果で面白いことが分かってきました。弓矢で狩りをすることは縄文時代にはふつうだと考えられているけれども、ここで問題になるのが、「縄文人は本当に弓矢で狙った動物を狩ることができるか」ということです。ふつうは動物にそこまで近づけないんですね。

藤森：それはそうだ、向こうも警戒しますからね。

山田：実験の結果、人が30mくらいに近づくと動物に気づかれてしまうということが分かりました。そうすると、縄文時代の弓の射程距離を考えると、30m先の動物に当たっても、石の矢じりが毛皮を突き抜けない。

藤森：ちょっと痛いくらいですかね。

山田：つまり、弓を使っていたとしても、かなり近づかなくては倒せない。何人かで協力して追い込むか、人間のにおいを気づかせない落とし穴のような方法が必要なわけです。弓矢で20〜30m離れたシカやイノシシを仕留めようとしても、矢を射る前に動物に気づかれてしまうんですよね。これは縄文時代でも基本的には同じだったはずです。

藤森：向こうは必死ですからね。

山田：弓矢が当たって、動物の毛皮をちゃんと突き抜けるためには、たぶん15mくらいの距離まで近づかなくてはならない。私たちの大学でも何回か実験をやっているんですが、矢の速度が80km／時くらいないと突き刺さらないんですよ。一応、20mくらい離れても当てられることは当てられるんですが、仕留められない。縄文時代の遺跡からは弓がたくさん見つかっているし、日本の矢じりは世界でも最も古い、1万年以上前の発見例があるんですけれども、ひとりで弓を使ってシカやイノシシを仕留められたかというと、そうではなさそうです。何人かで追い込んで、狩りを行っていた可能性が高い。追

い込むための仕掛けも見つかってるんですよ。杭を狭い間隔に並べて打ち込んで、80m近い追い込みの柵列を作ってるんですよね。そういったものも利用して、何人かで追い込んでいって、袋小路に入ったところを仕留めるという猟をやってたと思いますね。

藤森：他に考えられる工夫としては、毒矢みたいなものはあったんですか。

山田：毒矢に関する研究もありますが、毒そのものを抽出することはまだできてないようです。トリカブトの毒だとか、そういったものを使っていた可能性はあるんだけれども、遺物から、「これはトリカブトの毒だ」という結果が出てきたことはない。ただ縄文の弓矢の威力では単純に撃っても仕留められないから、使っていた可能性はあります。

藤森：動物を仕留めて食料にするための工夫は、縄文時代からいろいろされていたのですね。あとは食料で言うと植物がありますよね。縄文時代には、根菜類とか雑穀みたいなものはあったんでしょうか。

山田：肉眼ではなかなか分からなかったんですが、科学的な研究によって、芋はかなり食べられていたようだということが分かってきています。

藤森：科学的というと。

山田：縄文人は、いろいろな食料をシチューのようなごった煮にして食べていたようなんですが、最近の研究で、酸素とか窒素の同位体と呼ばれるものを頼りに、その内容物を調べ出したんですね。土器の内部についた付着物を調べることによって、これは木の実だとか、芋だとかといったことが、大枠で理解できるようになったんです。貝塚なんかに残っている貝や骨のような目で見える痕跡ではなく、目には見えない情報を頼りに、縄文人が何を食べていたのかを明らかにする研究が、ここ10年くらいの間に発展してきました。これはある意味では伝統的な考古学ではないんだけれども、科学の力で遺跡の情報を追求するっていうことが考古学では、いま、盛んに行われるようになっています。

藤森：それは考古学にとっては、各段な進歩ですよね。

分析は、自然科学の学者と共同して行うんですか。

山田：そうですね。考古学者の中からそういうことをやりだした人もいるんだけど、やはり科学についての基礎的な能力がないとできないので、考古学から専門分化した「考古科学」という研究分野が出来ました。

藤森：最新の研究では、どこまでわかっているんですか。

山田：たとえばでんぷんの中でも、これは何のでんぷんなのか、イモだったり、ドングリだったり、ということを調べることができています。ただ雑穀については、いくつかの遺跡で見つかったこともあるんですが、それがいまの私たちが栽培しているものに続くのかというのはもう少し研究しないといけない。たとえば稗にも、現代でも食べられている食用の稗と、野生のイヌビエというものがあるんです。そういったものの区別がどこまでつくかというと、現在の技術をもってしても難しい。最近の遺跡では、アズキとかダイズも見つかっているんですが、それも野生の植物であるヤブツルアズキとかツルマメと区別がつかない。われわれが今考えるようなアズキやダイズに相当するものを縄文人が食べていたかどうかを、私たちは多様な視点から研究しているところです。ただ東京の遺跡でも、今のダイズと同じくらいの大きさの粒の痕跡が、土器の中から見つかってはいますので、縄文人がそういった雑穀や豆類を食べていたということは分かってきました。

藤森：ドングリはたくさん出てきているということですが、これも大事な食糧だったんですか。

山田：そうですね。ドングリはでんぷんをたくさん摂れるし管理もしやすい。そういったことから、食用にはたくさんされていたと思います。遺跡でも、日本中から多様な種類のドングリが見つかっています。特に関西や九州の遺跡からは、地面に穴を掘って、そこに溜まった浅層の伏流水にドングリを浸していたことが分かっています。

藤森：毒を抜くためですか。

山田：そこには毒抜きの必要がないドングリも含まれていたんです。では何のためにやっていたかというと、虫を殺すためだと言われています。たとえば木に生っているクリの実の中には、クリタマバチとかクリシギゾウムシ、コナラにはコナラシギゾウムシっていう虫が入ってしまうんです。すると、頑張ってたくさん採っても、保管してる間に虫に全部食べられてしまうわけですね。それを縄文人は分かっていて、採ったドングリをそのまま置いておくことはせずに、実験によると2週間くらいは水につけていたようです。そういうことを、縄文人は知恵としてちゃんと分かってやっていた。そうすることで自分たちが食べる量を守っていたんですね。

藤森：たしかにクリなんかはよく虫がいますね。私は信州で育ったんですけども、私の親父は「クリについてる虫はおいしい」と言ってよく食べてましたね。クリの虫と、ブドウの虫はおいしいと。

山田：私たちが行った実験でクリの実を毎年採ってきて観察してみました。すると、人がいつも採ってきている林からは、ほとんど虫が出ないんですよ。
　たぶん、縄文人が食べていたクリには卵が植えつけられていて、それが孵る前に縄文人のお腹に入ったんだと思います。だから縄文人も、村の周りのクリの林からちゃんと定期的に採っていれば、虫による被害は少なかったはずです。ところが、新しく開いた山のクリは人が普段採っていないから、虫がたくさん卵を産み付けていたりする。逆に言うと、長続きしていた集落の周りには、人がいつもちょっかいを出している山林があったのではないかと考えられます。

藤森：里山的なところですよね。それは面白いですね。人が介入することで益を得ているという意味では、最初の農業と言えるかもしれませんね。

山田：そうですね。おそらく縄文人は意識していなかったでしょうが、農業以前に、人の介入によって良い状況を生んでいるんですね。

藤森：それはすごく面白い。稲作に行く前の中間的な段階がちゃんとある。

祈る

藤森：次に一般的な縄文展ですと、ハイライトを浴びる「祈り」についてお伺いしたいと思います。たとえば、土偶や石棒なんかが各地の遺跡から見つかっていますが、これらは実用物でない以上、そこに祈るという行為があったと思われます。先生はこれらの遺物についてどうお考えですか。

山田：縄文時代の村を採掘していると、土偶と石を使った環状列石のような、祭祀に関わる遺構や遺物がずいぶん見つかります。多摩ニュータウンでは、配石遺構が保存されて展示されていますし、調布市の下布田遺跡でも、大きな石棒が4つ並べて見つかっているわけです。これが面白いのは、4,500年くらい前の遺物が、3,000年くらい前の遺跡に持ち込まれて並べられているようなんです。縄文人は、昔の祭祀に使われていたものをもう1回見つけてきて、使っていた可能性がある。

藤森：何世代もの隔たりを超えて、信仰が続いていた。

山田：そのようですね。大がかりな作業をしてまでも、石組を作ってそこで祭祀を行っていた例が、東京の多摩地区には残っています。東北の遺跡にあるような、30〜40mに及ぶようなものではないんだけれども、それでもかなりの労力をかけて、単純な生活の実利に結び付かないようなものをたくさん作っていたんですね。

藤森：土偶や石棒、スタンディングストーンにはそれぞれ役割はあったのでしょうか。

山田：それを解き明かすのは難しいですね。それぞれ関連性があって、同じ場所で使われていたのは間違いないんだけど、実際にどのように使われていたのかは、想像力に頼るしかありません。ただ、たとえば東京以外も含めた関東地方では、栃木県寺野東遺跡のように集落の一角に「送りの場」みたいなものがあったことが分かっています。そこには、死んだ人だけではなく、殺したり、食べたりした動物の骨がたくさん散っているんです。

藤森：人間だけではなく、動物に対する敬いの気持ちもあった。そこでは野辺送りのようなことを行っていたんでしょうか。

山田：きちんと送り出すことで、また還ってこい、というような気持ちがあったのかもしれません。たとえばアイヌの文化に見られるように、自然の恵みを受け取って、もう一度自然に戻すような儀礼、それは生活にとって当たり前すぎて、儀礼と呼んでいいのか分かりませんが、そういうものがあったのではないかと思われます。

藤森：東北の遺跡から見つかっている土笛ですとか、明らかに日常的に使っていたとは思えない立派なヒスイ飾りのようなものは、そういった儀礼の際に使われていたんでしょうね。

山田：ヒスイ製の飾りのような、きれいな石を使った装身具のようなものは、特別な場合に使っていた可能性があります。たとえばお墓の中で見つかった遺体には装身具がついていて、貝塚やほかの場所で見つかったものにはついていない、というようなケースはあります。ただこれは、保存状態の問題かもしれませんので、断言するのは難しいですね。

藤森：装身具というと、江戸博が持っている重要文化財のひとつに、下布田（しもふだ）で見つかった耳飾り（80頁）があるんですが。

山田：あれは、民族誌から考えると若いうちに耳に穴を開けて、そこに付けていたようです。あるいは、歯を抜いたり傷をつけたりする抜歯のような慣習もそうなんですが、たとえば大人になった証だとか、子どもを妊娠した際の通過儀礼（イニシエーション）として、そのようなことを行っていたんでしょうね。

藤森：入れ墨はやっていたんでしょうか。

山田：岩手県の蒔内（しだない）遺跡というところでは、人の顔と同じ大きさの偶像が見つかりました。その顔には、矢羽根のような模様が斜めにたくさん施されている。これは入れ墨と解釈することができます。こういった事例から、縄文人も身体に模様を入れていたということはいえると思います。

藤森：儀礼において音楽が果たした役割というのはどの程度あったと思われますか。太鼓のような、楽器に近いものはあったのではないかと思いますが。

山田：太鼓はひとつ考えられていて、長野県の遺跡からは口のところに鍔（つば）があって穴が開いているような土器が見つかっている。中国や韓国の新石器時代の遺跡からは、同じような遺物で底がないものが見つかっています。これは、保存用でないことは明らかなので、おそらく太鼓だろうと言われている。だから縄文人も、儀式などの際に太鼓を使っていたことは十分考えられます。東京都立大学でも作ったことがあります。なんと50m以上離れていても聞こえました。その距離から考えると、集落の中央で儀式を行った際に、その周りに300人程度の人が集まっていても聞こえたのではないかと思います。

藤森：縄文時代の遺跡からは、他にも土笛や土鈴が見つかっていますが、これも同じように祭祀に使われていたのでしょうか。

山田：おそらく、日常的に使っていたというよりも、特別な用途があったんでしょうね。他にも有名な事例としては、長崎県の佐賀（さか）貝塚というところで、シカを呼ぶ鹿笛が見つかっています。

藤森：鳥笛のようなものですね。

山田：あとは弥生時代になると、中国から来た筑（ちく）という弦楽器や琴が見つかっています。縄文の場合には、いまのところ青森県の遺跡から見つかっているもので、木の板に突起がついたものがあって、これが楽器ではないかと言われています。ただ、これはあまり音が響かないので、10名弱くらいの人間が集まって聞いていたのかもしれません。そういう意味では、太鼓の方がたくさんの人に音が聞こえたでしょうね。

藤森：フランスの考古学者が見せてくれた、靴ベラ状の小片をヒモにつけてグルグル回すと音が出る旧石器時

代の楽器があるんですが、ああいったようなものは日本では見つかっていないんですか。

山田：それとは違うかもしれませんが、弥生時代には、恐らく中国から伝わってきたと思われる、塤（けん）と言われる楽器が見つかっています。

藤森：縄文時代にはあまり多くの楽器が見つかっているわけではないんですね。では、日常的にはあまり音楽は身近ではなかったんでしょうか。

山田：いいえ、私は縄文人にとって音楽は重要だと思っています。何か人びとが陶酔したり、憑依したりするようなことは、縄文人にとってはどうしても重要だったと思います。お酒や、いまで言う麻薬のようなものも使っていたかもしれませんが、そこで音楽が果たした役割というのも大きかったと思っています。ただ、それをどうやっ

て証明するかというのは難しくて、これが見つかれば、というものがないんですよね。

藤森：なるほど。

山田：また、縄文時代の人のつながりを考える際に、お墓のあり方は重要な情報を秘めています。青森県三内丸山遺跡の墓は、初期の頃は、道の両側に同居しない集落の大人が順に埋葬され、子どもはまた別に一区画に集められています。つまり、村に住む人びとはひとつのグループだと考えられているのです。

　しかし、終わりの頃になると、より小さな単位ごとにまとまった埋葬になってきます。縄文時代の中で、村にいくつかのグループが生まれたのでしょう。4300年前くらいから、生活をともにする分化したグループができたようです。今の家族と同じものかどうかは、まだ分からないのですが。

動く

藤森：移動の問題についてお伺いします。東京湾で舟を使った漁をしていたというのは先ほど先生がおっしゃいましたが、舟はいつ頃から日本にあったんでしょう。旧石器時代からもうあったんですか。

山田：いま一番古い例は、千葉県の雷<ruby>下<rt>かみなりした</rt></ruby>という遺跡で見つかった 8,000 年くらい前の丸木舟です。九州の佐世保でも同じか、ちょっと新しい例が見つかっています。いずれにしても、7,000〜8,000 年くらい前ですね。

旧石器時代に舟があったか、なかったかというのは、いままさに研究中でして、旧石器の道具で舟が作れるということがまだ証明されていない。実は、この頃はまだ磨製石斧が安定して使われてはいないのです。縄文の斧と旧石器の斧はちょっと構造が違うので、縄文の斧だったら 3〜4 日で木が切れて、20〜30 日あれば船を作れるんですが、旧石器の道具だと、おそらく縄文時代の何十倍もの時間がかかるのではないかと言われています。

旧石器時代というのは基本的には打製石器の時代なので、日本の旧石器時代の遺跡から磨製の石斧が見つかったというだけでも、世界の研究を覆す発見だったのです。

藤森：初めて聞きました。どこの遺跡で見つかったんですか。

山田：北海道から九州まで、全部で 900 点くらいの、石の刃先を磨いた斧が見つかっているんです。

藤森：旧石器時代の最後の頃になって出てきたんでしょうか。

山田：いや、3万年以上も前なので、縄文との境の頃ではない。磨いた刃に柄を付けるというところまでは、旧石器の人も考えてはいた。だけれども、固定が弱いので縄文の斧とは強度、耐久性が段違いです。

藤森：どこが弱いんですか。

山田：柄に付ける部分の構造が違います。ただ実際、旧石器時代の斧がどの程度の強度があったかというのは、これから調べなければならない課題です。縄文時代のことがこれだけ分かるようになるのに20年かかりましたので、最低でもあと何年かは待っていただく必要がある（笑）。
　いずれにしても、縄文時代の斧というのは、木を自由自在に伐ることができるし、耐久性も高くて、4,000～5,000年くらい前になると、1回作った斧はおそらく一生ものだったと思います。

藤森：世界中に磨製石器はありますが、日本の発見例はその最初期のものだったわけですね。

山田：いまの研究だと、日本とオーストラリアに、後期旧石器時代の斧が見つかっています。中国やヨーロッパといったユーラシア大陸では、こういった斧は見つかっていない。だから学校の教科書では、旧石器時代には磨製の技術がないということになっているんだけれども、たぶんこの研究が進めば書き換わってくる。

藤森：それは楽しみです（笑）。
　舟の話に戻りますと、舟用に使っていた樹の種類というのは分かっているんですか。地域によって違いがあったりもすると思うんですが。

山田：縄文時代の遺跡からは、なんと100点を超える丸木舟が見つかっています。

藤森：そんなに。

山田：種類について判明している限りでは、山陰・北陸地方ではスギが多く、関東地方ではカヤ・モミ・マツ・クリ・クスノキなどが使用されています。

藤森：そうやって山から伐り出した丸太を、今度は舟の形に加工しなければならない。半分に割ったり、中を剔抜いたりするには、相当な技術が求められますよね。実際にはどんなやり方をしたのですか。

山田：まず、樹木を半分に割るということはしていません。というよりも、できないのです。木はねじれて育っているので、割ろうとすると舷側高が均等にとれないんですね。
　では、どうやっていたかというと、丸太の状態から削っていたようです。なかには長さが7mを超えるものもありますが、それが原因です。

藤森：それは大変な労力ですね。そうやって苦労して作った丸木舟ですが、性能はどうだったのでしょうか。たとえば、南洋で見つかっているようなアウトリガー船や、帆を張った例などは見つかっていないのですか。

山田：民族例にあるようなアウトリガーについては、今のところ確認されていませんね。

藤森：では、動力は人力で。櫂を使って漕いでいたんですか。

山田：漕ぐ道具は櫂を使っていました。櫂についても、いろんな遺跡から発掘例があります。

藤森：船の形や大きさに違いはあったんでしょうか。外洋用と内湾用で違うなど。

山田：舟の形はどちらかというと、時期や用材の太さによって変わっているようですね。

住む

藤森：最後に住宅、住まいについてお聞きしたい。集落には固有の形式はあったんですか。真ん中に広場がある集落がいくつか見つかっているという話は聞いたことがあるんですが。

山田：住居が輪状に配置されている、いわゆる環状集落というのはいくつかの遺跡で見つかっています。特に、北海道や東北の方に行くとそういう遺跡がかなりあります。ただこれには、いくつか条件があるんですね。まず平らな台地があって、住人もある程度の規模がないと、環状にはならない。山の裾のような斜面になっている場所だと、上の方の住居と下の方の住居で条件が同じじゃない。下の方が湿気が多いとかありますよね。なので、そういう場所だと輪っかにしないで、ばらばらに作った遺跡もあります。ただ縄文人が条件の良いところに村を作って、村の規模が大人数になってくれば、自然と円になっていく。おそらく、5～7軒の住居がそれぞれお互いに繋がれるような形が円なんでしょうね。

藤森：自然にそうなった。

山田：集落の規模についても研究が進んでいて、見かけでは200や300の竪穴式住居が見つかっている遺跡でも、同時にいくつ住居があったかということを考えると、おそらく本当に多くても5～7軒くらいと言われています。

　特に東京の多摩ニュータウンや八王子で見つかっている遺跡では、住居がひとつかふたつしかないような集落もあったと考えられています。だから集落と言っても、ひとつの場所に家が集まってできていたのか、隣の台地にある家々が繋がってひとつの集落を形成していたのか、これは縄文の研究で大きな問題です。これは多摩ニュータウンの発掘でかなり分かってきていて、大きい遺跡でもたぶん同時期には5～6軒の家しかなくて、そこから少し離れた場所に1、2軒の家がある、というような集落が発見されているんですよ。だから関東地方の縄文人の住み方っていうのは、集中してみんなが住む

んじゃなくて、散居村みたいな感じなのかもしれません。縄文時代の多角的な資源との交渉には、それなりの経済をともにする人手が必要になるのです。

藤森：なるほど。

山田：それが、三内丸山遺跡のような北東北の遺跡なんかだと、同時に20～30くらいの家があって、その規模だと輪っかになる確率が高いんですよ。そういう点では、縄文人の村と言ってもひとくくりに考えちゃいけないのかもしれないんですよね。

藤森：建物本体の話では、穴を掘る竪穴式住居がありますが、これも最初見たときは驚きました。北海道なんかだと2mを超える深く掘った竪穴式住居もあるようですが。そう考えると、あれは基本的には寒さへの対応とみていいんですか。

山田：以前は私もそういう風に考えていました。日本だけじゃなくてシベリアだとか、アメリカの北の方のネイティブアメリカンの住居も、屋根があってそこから梯子で降りていくような構造になっている。そういうところでは寒さも考えて深くしているんだろうと思います。ただ日本だと東京や神奈川の遺跡では深くても80cmくらいなので、そこでは寒さとは別の理由で掘っていたのではないかと思っています。

　最近言われるようになったのは、掘った土を屋根にのっけて「土葺き屋根」にしていたんじゃないかということです。黒ボク（主として火山灰に由来する土壌で、ち密度（土の硬さ）が低いのが特徴）だと崩れてしまうのですが、関東地方にはローム層があるので、それを屋根に張り付けると非常にいい状態になる。だからあれは屋根に葺く赤土を手に入れるために穴を掘っていたということも、もしかしたらあるかもしれない。

　竪穴式住居は、日本はもちろん東南アジアからロシアのアムール川流域にかけての幅広い地域で見つかっているんですけど、全部が全部同じ目的で作られていたかは一概にはいえない。アムール川流域の先史住居は柱穴がありません。夏と冬で生活する場を変えるため、冬の不住時には大地が凍結擾乱するので、掘立て柱にすると家が壊れてしまうことからの工夫と考えられま

す。日本の場合でも、西日本に行くと竪穴式住居はほとんどないんですよ。

藤森：平地に住んでるんですよね。

山田：それは台地がないからですよね。平野の場合には穴を掘ったら水が湧いてきてしまいますから。関東のように台地や丘陵の上だったら穴を掘っても水が湧いてこずに、ローム層の床にすることである程度湿気も防げ、さらにそれを屋根に葺くことで安定性もある。竪穴式住居の成立には寒さ対策だけではない、いろんな条件があったのだと思います。

藤森：以前、先生にご指導いただいて、磨製石器で木を切りました。今回、江戸東京たてもの園に竪穴式住居を復原しようと（110頁）、先生にお越しいただいて学芸員と一緒にやったんですが、素人ながらもちゃんと木

が切れて。あの磨製石器というのは相当に性能が良いものだったんでしょうね。

山田：石の斧で木を切るというとみんな、石で木が伐れるのかと疑います（笑）。石で刃を作ったというのも縄文人の工夫だけれども、それを単に手で持って使うのではなくて、ちゃんと柄をつけて遠心力を使って伐るということを考えた縄文人は、すごい。あれがあるから家が建てられて村ができたんですよね。斧の考案が、木を自由自在に伐ること、そして木を使って竪穴式住居を作ることを生み出したわけです。斧が安定して見つかり出す7,000年前くらいになると、おそらく縄文の村人一人ひとりが斧を持っていたんだと思うんですよ。その人たちが、10人、20人でもみんなで出てくれば……。

藤森：あっという間に伐れますよね。私はああいう復原が好きで昔からやっていたのですが、そのときに一番

困ったのが屋根なんですね。茅をふつう使うんでしょうが、もう取れども取れども足りずに、あれほど大変なことはない。だから本当に茅を使っていたのかというのが、私のかねてからの強い疑問で。日本なら茅よりも樹皮の方が簡単に取れますので、本当は「樹皮葺き」が正しいんじゃないかと思っています。

山田：住居の復原については、長野県の平出遺跡で最初に行われたといわれています。

藤森：藤島亥治郎先生ですね。

山田：藤島先生はそのときに、江戸時代の農家か何かを参考にされたんだと思うんですよね。それが考古学の中で一般的な常識になっていったんじゃないかと思います。

藤森：これについては実は私も調べたことがあります。最初にやられたのは考古学者の八幡一郎先生です。

1930年に八幡先生が縄文住居の復原を最初にされて、そのときに茅葺きででかいのを作られた。その次は、戦後、関野 克先生が、弥生時代の登呂遺跡で戦後、藤島先生が平出遺跡で、となるんです。最初から茅を使っていたんですね。

山田：実はね、遺物で住居の部材が見つかり出すっていうことが、昔はなかったんですよ。

藤森：茅葺きの証拠というのもまだ見つかっていないですよね。

山田：一応、岐阜県の遺跡で竪穴の壁に茅がついていたのが見つかった例はあるんだけども、屋根材として茅が使われた例はいまのところない。だから茅を刈り取って屋根を葺くというよりは、あれだけ樹木を使っていたわけですから、木の皮を剥いでそれを利用していたと考える方が自然だろうとは思います。

藤森：そうですよね。特に白樺なんかは圧倒的な防水性がありますからね。一度、関野先生に聞いたことがあるんですよ。登呂遺跡などの発掘で木材は出てきたが、屋根の素材については分からなかったと。そうなんだろうなと思います。

山田：登呂は弥生時代の遺跡ですから、スギを利用できた弥生人は、屋根にスギ割板を使っていたことが分かっています。これは1980年代の調査結果です。柱の材料についても、はっきりしたのは1970年代の後半になってからで。

藤森：そうなんですか。

山田：柱の直径が15㎝、長さが2.4mくらいの柱が見つかり出した。そして、その下側70㎝くらいの表面が荒れていたんですね。

藤森：その部分は土の中に埋まっていた。

山田：そう。だから2.4mのうち70㎝くらいは地面の中に入っていて、地上に出ているのは1.7mくらい。

藤森：ちょうど身長くらいだ。

山田：1970年代の後半になって、そんな遺物がだんだんと見つかり出したんですよ。それ以前は、みんないろいろな想像で復元していたのが、遺物が出てくるようになってきて、住居にどんな部材があるか分かってきた。柱がある、梁がある、それから垂木がある、というようなことですね。組み方も、従来は小屋組みのような形を想像していたのが、トラス式のものが見つかるようになってきた。また、何の木を使っていたかということも重要です。縄文時代の竪穴式住居には、クリの木が使われることが多いんですよ。それはたぶん竪穴住居の場合には、クリの木の耐久性が必要だということを、縄文人は分かっていた。その知恵について、もうちょっと考える必要があると思います。
　以前、東京都立大学におられ、今は東京大学の建築に戻った藤田香織さんと一緒に研究したことがあるんですが、現在の日本の木造家屋だと、1平米当たり0.1㎥くらいの木材を使って家が作られている。ところが、私が復元した縄文の竪穴式住居だと、それが0.2㎥くらいになる。だから、今の木造建築と比べても強度が強いということになる。

藤森：強すぎますよ。ふつうの力ではまず崩れません。

山田：つまり、縄文時代の住居の建て替えは耐用年数とは別の原理、たとえば縄文人の成人に伴う新築が考えられることになります。一方ではなぜ、そんな強度が必要だったのか。ひとつ考えられるのは、縄文時代の住居は1.6mとか身長に近いサイズで作っているから、小屋組みそのものが構築時には足場にもなるわけです。縄文の住居って実は、数人で共同して作り上げていく規模の構造体なので、この強度というのは、建物としての強度ということだけではなくて、作り上げるときの強度も考えているのかもしれません。つまり縄文人は、構造にとどまらず、構築、施工についても理解していたんじゃないかと思うんです。

藤森：なるほど。

山田：いま青森の三内丸山では、人間の力では作れないような住居が復原されている。でも、縄文人は自分の力でできる範囲でしか作れないので、そういう意味では、竪穴式住居というのは、縄文人が作った傑作建築じゃないかと思っているんです。

藤森：さまざまな合理性の条件の中で、あの建物ができた。

山田：しかもクリの木だったら、1回作れば20年以上は持つ。そのときに、村の周りの林がどれくらいの時間で生長するかといったようなことまで含めて、縄文人は自然の生態系のことを理解していた。いまのわれわれでも考えられないくらいの長期的な地球の自然を見据えて村を作り替え続けていた。そこが縄文人の一番尊敬できる点です。

実施日：2021年5月12日（水）　13：00～
場所：東京都江戸東京博物館

展覧会特別企画

縄文竪穴式住居
復原プロジェクト

監修：藤森照信（東京都江戸東京博物館館長　東京大学名誉教授）
場所：江戸東京たてもの園
期間：2021 年 2 月 3 日〜8 月 1 日

竪穴住居復原プロセス

藤森照信

　縄文時代の人びとの日々の暮らしを扱うとき、彼ら
の住居をどう見せるかはひとつの大きなテーマとなる。
住まいは、日々の暮らしを容れる器にほかならないか
らだ。

　建築とは、平面、構造、設備、仕上げ、の4つか
らなり、さいわい縄文竪穴住居は、平面と設備（炉）
は分かっているが、構造と仕上げは、発掘しても部分
的にしか明らかにならない。

　そうした中で、1930年を皮切りに復原が試みられ、
今に至るが、"一人一説"状態をなかなか脱せられな
い。一番の理由は縄文住居くらいの規模の建物ならだ
れでもすぐ作れるし、どう作ったって壊れはしない。

　そんななかで、私が一番注目したのは、関野克が戦
後の1951年になした登呂遺跡の復原で、弥生時代の
遺跡の中での縄文系竪穴住居の復原ではあるが、
①小屋組とその下方の作り（柱・梁）をはっきり分ける。
②小屋組みを、アイヌのチセ、『鉄山秘書』、日本の民
家、を証拠として、サス小屋組（合掌小屋組）とする。

　この2点より、論の立脚点を明らかにした優れた復
原と思った。

　構造は関野説でいいとして、しかし、仕上げに疑問
があり、刈込用の鉄製の鋏（はさみ）のない弥生時代にあんな
に美しい茅葺き仕上げはあり得ない。

　この疑問から、どう茅を刈り取ったかへと問いは進
み、復原住居の経験者に聞いても自分であれこれ試
してみても、縄文時代と弥生時代の道具（石器）では
茅の刈り取りは不可能との結論に至った。

　佐藤竜馬の研究（『日本建築の自画像』令和元年　香川
県立ミュージアム）に従って、竪穴住居復原をたどると、
1930年〈戌立遺跡復元家屋〉（いんだて）（八幡一郎指導か?）、
1949年〈尖石の与助尾根遺跡復原〉（堀口捨己）、
1951年〈平出遺跡復元〉（藤島亥治郎）、1951年〈登
呂遺跡復元〉（関野克）と続き、いずれも茅葺きを用
いているが、肝心の茅採り用の道具が見つからないの
である。

　縄文住居は茅葺きではなかった、と考えるようにな
り、そう思って自然素材を使った屋根葺きを見回して
みると、現在まで日本に伝わるものとしては、桧皮葺
き（同類のサワラ皮、ヒバ皮を含む）、杉皮葺き、白
樺葺き、の3つがあり、いずれも樹の皮を使う。なおヨー
ロッパには、白樺葺き、トウヒ皮葺きがある。各地の
復原家屋の近年の例を見ると、栗皮などの樹皮の例
も現れている。

　そこで、江戸東京たてもの園の復原では、関野説
の骨組を桧皮（サワラ皮を含む）で葺く。

　さらにその上に土を載せ、土の流出を防ぐため草を

戌立遺跡復元家屋（1930年）八幡一郎指導か　　　登呂遺跡復元（1951年）関野克設計

植える。桧皮以上に奇妙な屋根になるから訝しく思われる読者も多いに違いないが、防寒のため家全体をスッポリ土で包むやり方は、ユーラシア大陸の中緯度以上の寒冷地では行われていたことが戦前より知られており、日本でも近年の縄文遺跡の発掘で出土し、土葺きと呼ばれるようになった。

　土葺きが、雪国を除く日本全体で広く行われていた傍証として、茅葺き屋根の頂部に草花を植える"芝棟"を挙げたい。この謎の作りは、亘理俊次の研究により、雪国を除く日本全土に戦前は分布したことが明らかになった。まったく同じ作りがフランスのブルターニュ地方にもあり、同地方がヴァイキングの定着地であることを考えると、ユーラシア大陸の寒冷地ではかつて広く土葺きがなされ、その名残がブルターニュと日本の芝棟となった、と私はにらんでいる。なお、北欧では近年まで土葺きの竪穴住居は使われていたし、屋根の上のみ土を載せて草を植える作りは、今も北欧の民族的伝統として健在である。

　桧皮を敷いて土を載せる屋根の建設上のポイントはふたつ。

　ひとつは、桧やサワラや杉といった日本の針葉樹の皮は、鉄器以前の石器や木器で剥ぎ取ることができるのか。

できた。まず皮を剥ぐ時期は、春から夏までの成長期で、これを逃がすと、おいそれとは剥ぎ取ることはできない。現在の桧皮葺き用の皮は、成長期の後の秋や冬に甘皮（形成層）1枚を残して剥ぐが、縄文時代は桧の樹を守る必要はないから、成長期に甘皮ぐるみ剥いだに違いない。

　剥ぐ道具は、角の立った石片か粗く先を打ち割った打製石器を使い、まず丸太の幹の上下にリング状に切り目というか叩き破った目を入れ、上下のリングの間に石器か木器（硬い木の先を砥石で研磨したもの）で縦に切り目を通し、そこからヘラ状の木器と手先でバリバリと剥ぐ。

　縄文時代の出土石器の中に、ヘラ状だったり、中央の少しくびれた小型で薄い打製石器がしばしばあり、土を掘るには小型で厚過ぎ、用途不明とされるが、あれこそ樹皮にリング状の切れ目を入れるにはふさわしい。小さな柄をしばり付けて使ったのではないか。

　もうひとつのポイントは、桧の皮を重ねながら椏木の上の水平材に取り付けた後の土の盛り方で、土葺きを試みた先行例を見ると、土がそうとうに厚い。土はそのまま斜面に載せると崩れるから厚くせざるを得ないが、中に桧皮の屑や断片を所々に敷き込めば、薄くても崩れない。この繊維敷き込み土盛の方法は、土

ノルウェーの竪穴土葺の古写真

芝棟　岩手県

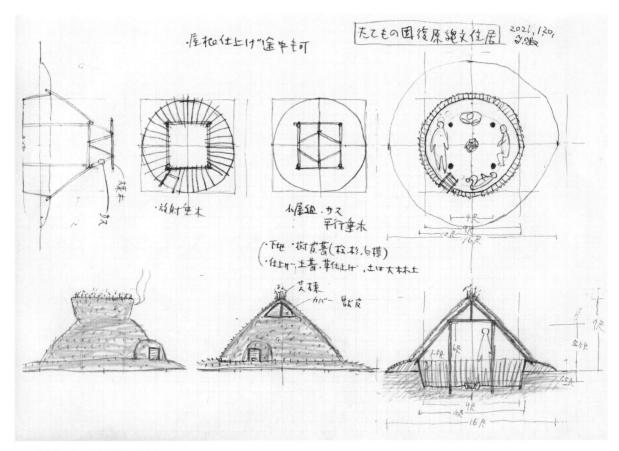

江戸東京たてもの園縄文住居復原スケッチ

木学者の龍岡文夫が鉄道用などに発明したものとして土木の領分では知られるが、その石器時代版である。

ここまで決めて実行してみると、うまくいったが、問題は次々に押し寄せる。

ひとつは、自然の木や樹皮を駆使して作っても、細部まで高い精度は無理だから、どうしても入口回りや頂部の煙出しからの隙間風は防げない。防寒にとって隙間風こそ最後の難敵。

で、どうする。隙間を無くすには泥を使い、土壁にしたらいいだろう。必要箇所に木舞を掻き、泥を塗る。やってみると、意外と簡単だった。

隙間対策以上の難問は、出入口の作り。跳ね上げ戸にしても回転戸にしても、壁と戸の接点に大きな隙間が生じるのは防げない。厳しい冬に入口から隙間風が吹き込んでは、次の春を迎えるのはおぼつかない。

入口を動物の皮で包むように閉めればどうだろう。

しかし、縄文人が毛皮をどう利用したかは謎。服や靴に使ったに違いないが、その証拠は発掘されていない。証拠がないとやらないのが研究者かもしれないが、謎の部分を推しはかるのも研究者の役割だろう、と考えて取り組む。戸を密着させるには、枠回りと戸の両方に毛皮を使えば何とかなるだろう。枠回りは束ねた細竹を毛皮で巻き、戸の方は簾に習い、毛皮に何本かの横棒を入れて巻き上げ、中からの密閉は、簾の横棒についた皮紐を内側から引っ張って内側の部材に縛り付ける。

以上の工事は、博物館関係者に加え、工学院大学大内田史郎研究室のメンバーで、造園業者の協力で実行している。

かく試みて、たてもの園版縄文住居は無事完成し、いまはてっぺんにキキョウ、ヒオウギ、ミソハギ、オミナエシの花が咲いている。

竪穴掘り・伐採

復原作業は、現代の技術・材料を使うところと、縄文時代の建設を試みるところのふたつに分けて行った。たとえば、樹の伐採は東京都立大学山田昌久教授の指導により、石斧を使って参加者全員でミズキ一本を伐り、その他の丸太はチェーンソーで伐り出している。現代の技術・材料をまったく使わずに復原するには、誰か実験考古学者が生涯を投じて試みるしかないが、それは不可能だから、ポイントを絞って縄文時代の技術・材料を試みた。それでも、あれこれの発見があり、博物館のワークショップとしては適している。

たてもの園の下町中通りの目立つところに地を卜した。日本の伝統的地鎮祭に倣い、地面の奥に向かって息を吐きかけるやり方を試みた。

ユンボとスコップで掘り下げる。こうした土木的作業は、土を掘る道具と土を運ぶ道具のふたつが必要になるが、当時は石器ではなく木器と皮を使ったのだろう。

作業は造園業者が引き受けてくれた。

山田教授からお借りした石斧。

伐るというより削る。

思いのほか早く伐り出せた。

藤の根採取・加工

　植物繊維から糸や縄を作り、布を織ったり物を縛ったりするのは、縄文時代の核心的技術であった。丸太を縛る植物を園内に探すと、収蔵庫の周りに藤が見つかる。最初、地上の蔓を使おうと考えたが、試みると縄にするには柔軟性に乏しい。そこで、諏訪大社御柱_{おんばしら}用に藤を使う富士見町の知人に聞くと、蔓とはいっても地表を這う根を使うという。縄ひとつとっても、細かい工夫が必要となり、縄文住居を縄文時代の技術と材料で完全に再現するのは、ほんとうに難しい。実験考古学の充実を祈ってやまない。

収蔵庫を隠すために作られた藤のフェンスには季節には藤の花が美しく咲くが、その根は地表を這って伸び、いつしか建物の周りを埋め、取り去る時期になっていた。

富士見町の各戸は、共有林のなかに各戸ごとの藤の根用の縄張りが決まっており、御柱のある６年に１回採るというが、縄文時代の有用植物の管理も同じだろう。

太いのは径２cmほど。

水に漬けて保存し、一部腐らせる。

叩いて繊維を柔らかにする砧_{きぬた}。

繊維の太さは自由にできる。

116

棟上

　縄文住居という建築を考えるときの一番の論点は、屋根の頂部を走る棟木をどう支えるかだろう。支え方には、地上から伸びた材により直接支えるのと、柱・梁と別の材による小屋組により支える、のふたつあるが、関野克の主張した小屋組が正しいと考える。柱と梁により下部の構造を作り、その上にサスの小屋組を載せ、サスにより棟木を支える。縄文住居を発掘すると柱が長方形に並ぶ例と不規則にたくさん立つ例があり、後者に梁を架け、棟木を載せるには、サス小屋組以上に合理的な作りはない。

二股に分かれた柱を使う。

梁と柱を藤蔓で縛る。

二股に分かれた柱に二組の梁を載せる。

サスの丸太を梁に固定する。

完成した柱・梁とサス。

梁の上に二組のサスを載せる。

屋根伏

　柱・梁と小屋組が完成すると、次の課題は垂木。垂木がうまく架からないと、その上に載る防水層は作れない。この点でも関野の柱・梁と小屋組を上下二分する説は有効性を発揮し、上と下で勾配（傾斜）を変えることが可能になる。上と下で勾配が変わらない復原例も多いが、そうすると屋根（棟木）が高くなり過ぎ、上と下の間で生ずる母屋状の明り採り兼煙出しが大きくなり過ぎ、防寒上よくない。かつ、傾斜が強いと土葺きが困難になる。ここでは、明り採り兼煙出しをできるだけ小さくしている。

ミズキの丸太を木器で割っている。

垂木を地上で受けるための木片。

垂木を組んでいく。

木片を並べる。

棟木と梁の間に垂木を架ける。

垂木が完成。

垂木組

垂木の上に樹皮を葺くには下地として水平材の取り付けが必要になる。下地用だから細くて長くてまっすぐが便利で、すぐ竹を思い浮かべるが、物干し竿なみの竹は使えない。縄文時代に篠竹はあったが真竹や孟宗竹はなかったからだ。孟宗竹は江戸時代に食用とし

て入ったことが分かっており、竹材としてはもっとも優れている真竹は、弥生時代に樋のタガ用に入ってきた、との木工史研究の石村真一の説がある。弥生時代に、南方から鉄器と組になって稲作と竹と樋が日本に上陸した、と想像すると、イメージは高床住居と繋がる。

樹皮を受ける水平材に全国共通の名前はない。縄文住居はやがて茅葺きの民家へ進化してゆくが、民家の建築用語は地方性が濃く、共通語は成立していなかった。

垂木は園芸用の麻縄で結んでいる。

垂木と水平材の結合も麻縄。

縄文住居の建設に必要なのは、少しの道具と大量の人手。春と秋は収穫に忙しいし、冬に家はないと困るから、作業は夏になされたのだろう。樹の皮も剝けるし。

水平材用の細丸太は森にたくさんある。

人手は多い方が良い。

屋根の樹皮葺き

石器では刈り取れない茅とちがい、樹皮なら縄文時代の道具で可能。いくら長く広くても剥ぎ取れるし、縄文時代には野山には桧はじめ針葉樹は今の屋久島のように未利用の巨木がいくらでもあったはず。屋根の上から下まで届くような長尺の樹皮を利用したに違いない。下地の小枝の固定は、紐を使った。重ねた皮同士を密着させるため、細い竹を釘状にして打ち込むと、ちゃんと密着する。現在の桧皮葺きは、竹釘を使って桧皮同士を打ち重ねて一体化するが、こうした手法はもしかすると縄文時代に遡るのもしれない。

木器と手先でスルスルと剥ぐ。

樹皮はたてもの園に運び、固くならないよう水に漬けておいたら、養分を含む甘皮が腐り、強烈な臭いがするは、虫は湧くは。教訓、皮は剥いだら柔らかいうちに使うべし。

皮の固定は、小枝を紐で下地に縛る。

尖った枝で穴をあけて紐を通す。

桧皮を何枚重ねれば水を通さないか考え、屋根の傾斜は45度あれば2枚で十分と予想した。小枝で押さえ、重なり不十分な箇所には細竹の釘を打つと、なんとか納まった。

小屋組の上に垂木を並べて屋根材を乗せる。

屋根の土葺き

　土葺き竪穴住居復原の先例を見ると、屋根の傾斜が緩すぎる。土が雨で流れ落ちないために緩くしたのだろうが、もっと土の層を薄くかつ急傾斜にするには土中に繊維状の何かを入れればいい。しかし、小規模にしか試みたことはない。そこで、今回、桧皮の屑を繊維にし、土盛の途中に敷き込んだ。煙出しと出入口回りに木舞を掻いて泥を塗るのも初の試み。初の試みは試行錯誤を伴うが、試行錯誤こそ実験考古学の醍醐味。

屋根の頂部と下の斜面との取り合い。

緩い傾斜の頂部には、厚く土を盛る。

桧皮の上に土を厚さ10cm、高さ10cmほど盛り、土の上に桧皮を水平に敷き込み、繰り返す。やってみると、意外にしっかり土は固定され、崩れる恐れはない。

入口は細竹の束で丸く穴をあける。

室内に石を並べて炉を作る。

煙出しと入口に土を塗る。復原縄文住居に土壁を使う例はないが、縄文文化は土器や土偶に見られるように土の文化であり、建物においても土の利用はあっていい。

完成

　完成して意外な印象を持った。縄文人は美意識を土器や土偶にもっぱら注ぎ、頂部の花を例外にして住いには向けなかった、と考えてきたのに、美しさが漂い出ているではないか。そのポイントは全体ではなく細部にあり、ふつうの復原住居は細部は雑に作って済ますのに、今回は細部の納まりに、たとえば入口や煙出しのような開口部に気を遣った結果、ほのかに意識されざる美しさが生まれている。人類の花への特別な感覚は、旧石器時代のプレ人類ともいうべきネアンデルタール人にもあったという。

細部の作りまで考えた結果、見事に完成した。自画自賛。

入口は差し掛け屋根とし、側面は土壁塗り。

屋根の穴の主機能は煙出し。

入口のカバーは冬毛の鹿皮を使う。

"桧皮下地土葺き"を見せる。

柱・梁の上方には合掌小屋組が作られ、厚い土盛りを支える。

入口の傾斜の緩い差し出し屋根を見上げる。雨漏り無し。

竪穴の土の面は、割った丸太を杭打ちしている。

副館長・小林淳一制作（1983 年）の土器は割れずに湯を沸かせた。

入口より中を見ると、柱が立ち、炉には火が燃え、煙が立ち上がる。床には余った桧皮が敷かれ、火が来訪者を中へと誘う。

展覧会出品リスト

No.	資料名（別称）	出土遺跡	時期	員数	指定	所蔵先	掲載頁

プロローグ　最新の調査成果から考える縄文時代像
第1節　導入展示（土偶）

No.	資料名（別称）	出土遺跡	時期	員数	指定	所蔵先	掲載頁
1	土偶	多摩ニュータウン№471遺跡	中期	1		東京都教育委員会	11頁

第2節　最新の調査成果から考える縄文時代像

No.	資料名（別称）	出土遺跡	時期	員数	指定	所蔵先	掲載頁
1	パネルのみ						

第3節　縄文時代の自然環境

No.	資料名（別称）	出土遺跡	時期	員数	指定	所蔵先	掲載頁
1	アクリル樹脂標本：トチノキ（花）他	皇居東御苑（非出土資料）		8		日比谷図書文化館	
2	アクリル樹脂標本：ウルシ（実）	茨城県常陸大宮市盛金（非出土資料）		1		本間健司氏	
3	アクリル樹脂標本：エノキ（実）他	東京都立埋蔵文化財調査センター（非出土資料）		4			
4	アクリル樹脂標本：サルナシ（花）	国立科学博物館筑波実験植物園（非出土資料）		1			
5	プレパラート：花粉	北区御殿前遺跡	早～晩期	一式		古代の森研究舎	

第1章　東京の縄文遺跡発掘史
第1節　学史から振り返る東京の遺跡
（1）　東京の遺跡紹介

No.	資料名（別称）	出土遺跡	時期	員数	指定	所蔵先	掲載頁
1	パネルのみ						

（2）　大森貝塚

No.	資料名（別称）	出土遺跡	時期	員数	指定	所蔵先	掲載頁
1	環状土器	大森貝塚	後期	1	重文	東京大学総合研究博物館	
2	鉢形土器	大森貝塚	後期	4	重文	東京大学総合研究博物館	
3	注口土器	大森貝塚	後期	1	重文	東京大学総合研究博物館	
4	浅鉢形土器	大森貝塚	後期	4	重文	東京大学総合研究博物館	
5	壺形土器	大森貝塚	晩期	2	重文	東京大学総合研究博物館	
6	深鉢形土器	大森貝塚	晩期	1	重文	東京大学総合研究博物館	
7	土偶脚部	大森貝塚	後期	2	重文	東京大学総合研究博物館	
8	土版	大森貝塚	晩期	1	重文	東京大学総合研究博物館	
9	刺突具	大森貝塚	後期	1	重文	東京大学総合研究博物館	
10	銛頭	大森貝塚	後期	1	重文	東京大学総合研究博物館	
11	ハマグリ	大森貝塚	後期	1	重文	東京大学総合研究博物館	
12	アカガイ	大森貝塚	後期	1	重文	東京大学総合研究博物館	
13	サルボウ	大森貝塚	後期	1	重文	東京大学総合研究博物館	
14	ハイガイ	大森貝塚	後期	1	重文	東京大学総合研究博物館	
15	壺　注口土器	大森貝塚	後期	1	重文	東京大学総合研究博物館	
16	深鉢形土器	大森貝塚	後期	8	重文	東京大学総合研究博物館	
17	注口土器	大森貝塚	後期	2	重文	東京大学総合研究博物館	
18	壺形土器	大森貝塚	後期	1	重文	東京大学総合研究博物館	

No.	資料名（別称）	出土遺跡	時期	員数	指定	所蔵先	掲載頁
19	石棒	大森貝塚	後期	1	重文	東京大学総合研究博物館	

第2節　東京の縄文遺跡

(1)　島嶼の遺跡

1	パネルのみ						

(2)　沿岸部の貝塚

1	深鉢形土器	荒川区延命院貝塚	後期	2	区	荒川区立荒川ふるさと文化館	31頁
2	深鉢形土器	荒川区延命院貝塚	後期	2	区	荒川区立荒川ふるさと文化館	
3	鉢形土器	荒川区延命院貝塚	後期	1	区	荒川区立荒川ふるさと文化館	
4	注口土器	荒川区延命院貝塚	後期	1	区	荒川区立荒川ふるさと文化館	31頁
5	貝輪	荒川区延命院貝塚	後期	1	区	荒川区立荒川ふるさと文化館	
6	貝刃	荒川区延命院貝塚	後期	2	区	荒川区立荒川ふるさと文化館	
7	ヤス状刺突具	荒川区延命院貝塚	後期	1	区	荒川区立荒川ふるさと文化館	
8	鏃	荒川区延命院貝塚	後期	1	区	荒川区立荒川ふるさと文化館	
9	単式釣針	荒川区延命院貝塚	後期	1	区	荒川区立荒川ふるさと文化館	
10	注口土器	荒川区延命院貝塚	後期	2	区	荒川区立荒川ふるさと文化館	
11	深鉢形土器	大田区雪ヶ谷貝塚	前期	2		大田区立郷土博物館	32頁
12	深鉢形土器	大田区雪ヶ谷貝塚	前期	4		大田区立郷土博物館	
13	鉢形土器	大田区雪ヶ谷貝塚	前期	1		大田区立郷土博物館	
14	浅鉢形土器	大田区雪ヶ谷貝塚	前期	2		大田区立郷土博物館	
15	浅鉢形土器	大田区雪ヶ谷貝塚	前期	1		大田区立郷土博物館	32頁
16	鉢形土器	大田区雪ヶ谷貝塚	前期	1		大田区立郷土博物館	32頁
17	石匙	大田区雪ヶ谷貝塚	前期	3		大田区立郷土博物館	
18	玦状耳飾	大田区雪ヶ谷貝塚	前期	1		大田区立郷土博物館	
19	管玉	大田区雪ヶ谷貝塚	前期	1		大田区立郷土博物館	

(3)　台地の遺跡

1	浅鉢形土器	新宿区落合遺跡	中期	2		新宿区立新宿歴史博物館	
2	深鉢形土器	新宿区落合遺跡	中期	12		新宿区立新宿歴史博物館	
3	深鉢形土器	新宿区落合遺跡	中期	1		新宿区立新宿歴史博物館	
4	深鉢形土器	町田市忠生遺跡	中期	2		町田市教育委員会	35頁
5	深鉢形土器	町田市忠生遺跡	中期	7		町田市教育委員会	
6	土偶	町田市忠生遺跡	中期	8	市	町田市教育委員会	35頁
7	土鈴	町田市忠生遺跡	中期	2		町田市教育委員会	
8	石棒	町田市忠生遺跡	中期	1	市	町田市教育委員会	34頁
9	土偶	町田市忠生遺跡	中期	2		町田市教育委員会	
10	深鉢形土器	町田市忠生遺跡	中期	1	市	町田市教育委員会	35頁
11	深鉢形土器	町田市忠生遺跡	中期	1		町田市教育委員会	35頁

No.	資料名（別称）	出土遺跡	時期	員数	指定	所蔵先	掲載頁
12	注口土器	町田市忠生遺跡	中期	1		町田市教育委員会	

（4）山地の遺跡

No.	資料名（別称）	出土遺跡	時期	員数	指定	所蔵先	掲載頁
1	深鉢形土器	青梅市駒木野遺跡	中期	8		青梅市郷土博物館	
2	深鉢形土器	青梅市駒木野遺跡	中期	2	都	青梅市郷土博物館	37頁
3	有孔鍔付土器	青梅市駒木野遺跡	中期	1		青梅市郷土博物館	
4	壺形土器	青梅市駒木野遺跡	中期	1		青梅市郷土博物館	
5	三角柱状土製品	青梅市駒木野遺跡	中期	1		青梅市郷土博物館	
6	深鉢形土器	奥多摩町下野原遺跡	中期	8		國学院大学博物館	
7	浅鉢形土器	奥多摩町下野原遺跡	中期	1		國学院大学博物館	
8	深鉢形土器	奥多摩町下野原遺跡	中期	1			

第2章　縄文時代の東京を考える
第1節　集落研究

No.	資料名（別称）	出土遺跡	時期	員数	指定	所蔵先	掲載頁
1	パネルのみ						

第2節　葬墓制研究
（1）弔いの移り変わり

No.	資料名（別称）	出土遺跡	時期	員数	指定	所蔵先	掲載頁
1	深鉢	八王子市神谷原遺跡	中期	1		八王子市教育委員会	
2	石匙	八王子市神谷原遺跡	中期	2		八王子市教育委員会	
3	浅鉢	北区七社神社前遺跡	前期	2	区	北区飛鳥山博物館	41頁
4	石匙	北区七社神社前遺跡7号土坑	前期	2	区	北区飛鳥山博物館	41頁
5	注口土器	青梅市寺改戸遺跡	後期	1	重文	青梅市郷土博物館	42頁
6	小型深鉢土器	青梅市寺改戸遺跡	後期	1	重文	青梅市郷土博物館	42頁
7	鉢	町田市田端遺跡（環状積石）	後期	4		町田市教育委員会	
8	注口	町田市田端遺跡（環状積石）	後期	1		町田市教育委員会	

（2）墓と縄文人

No.	資料名（別称）	出土遺跡	時期	員数	指定	所蔵先	掲載頁
1	縄文人復元像	加賀町二丁目遺跡	中期	1		新宿区立新宿歴史博物館	43頁
2	縄文人頭骨（レプリカ）	加賀町二丁目遺跡	中期	1		新宿区立新宿歴史博物館	

（3）祈りのかたち

No.	資料名（別称）	出土遺跡	時期	員数	指定	所蔵先	掲載頁
1	石剣	町田市なすな原遺跡	晩期	3		町田市教育委員会	43頁
2	石棒	町田市なすな原遺跡	晩期	1		町田市教育委員会	43頁
3	異形台付土器	町田市広袴遺跡	後期	2	都	町田市教育委員会	43頁

第3節　道具に関わる研究
（1）石器
縄文石器の移り変わり

No.	資料名（別称）	出土遺跡	時期	員数	指定	所蔵先	掲載頁
1	堅果類標本	−	−	一式		東京都埋蔵文化財センター	
2	石槍	あきる野市前田耕地遺跡	草創期初頭	4	重文	東京都教育委員会	44頁
3	石槍	あきる野市前田耕地遺跡	草創期初頭	3	重文	東京都教育委員会	

No.	資料名（別称）	出土遺跡	時期	員数	指定	所蔵先	掲載頁
4	尖頭器	多摩ニュータウン№796遺跡	草創期初頭	1		東京都教育委員会	44頁
5	石槍	多摩ニュータウン№796遺跡	草創期初頭	3		東京都教育委員会	
6	尖頭器	武蔵野市御殿山遺跡第2地区N地点	草創期初頭	1	市	武蔵野市教育委員会	44頁
7	石槍	武蔵野市御殿山遺跡第2地区N地点	草創期初頭	2	市	武蔵野市教育委員会	
8	石槍	西東京市田無南町遺跡	草創期初頭	3		西東京市教育委員会	
9	有舌尖頭器	三鷹市井の頭遺跡群A	草創期前半	2		三鷹市教育委員会	
10	石槍	三鷹市井の頭遺跡群A	草創期前半	3		三鷹市教育委員会	
11	有舌尖頭器	多摩ニュータウン№426遺跡	草創期前半	1		東京都教育委員会	
12	石槍	多摩ニュータウン№426遺跡	草創期前半	2		東京都教育委員会	
13	有舌尖頭器	杉並区向ノ原遺跡B地点	草創期前半	2		杉並区教育委員会	
14	有舌尖頭器	新宿区百人町三丁目西遺跡	草創期前半	1		新宿区立新宿歴史博物館	
15	有舌尖頭器	小金井市前原遺跡	草創期前半	5		東京都教育委員会	
16	有舌尖頭器	町田市なすな原遺跡	草創期後半	4		町田市教育委員会	
17	石槍	町田市なすな原遺跡	草創期後半	1		町田市教育委員会	
18	有溝砥石	多摩ニュータウン№116遺跡	草創期後半	2		東京都教育委員会	44頁
19	有舌尖頭器	多摩ニュータウン№457遺跡	草創期前半	2		東京都教育委員会	44頁
20	石鏃	杉並区向ノ原遺跡B地点	草創期後半	1		杉並区教育委員会	
21	石槍	三鷹市天文台構内遺跡	草創期後半	1		三鷹市教育委員会	
22	石鏃	三鷹市天文台構内遺跡	草創期後半	1		三鷹市教育委員会	
23	石鏃	日野市七ツ塚遺跡	草創期後半	2		日野市教育委員会	
24	石鏃	府中市武蔵台遺跡	早期	5		府中市郷土の森博物館	
25	石鏃	板橋区志村遺跡第6地点	前期	3		板橋区教育委員会	
26	石鏃	多摩ニュータウン№9遺跡	中期	2		東京都教育委員会	44頁
27	石鏃	多摩ニュータウン№9遺跡	中期	5		東京都教育委員会	
28	石鏃	町田市野津田上の原遺跡	後期	6		町田市教育委員会	
29	石鏃	調布市下布田遺跡	晩期	13		調布市郷土博物館	
30	石鏃	調布市下布田遺跡	晩期	2		江戸東京たてもの園	44頁
31	石鏃	調布市下布田遺跡	晩期	2		江戸東京たてもの園	
32	スタンプ形石器	府中市武蔵台遺跡	早期	1		府中市郷土の森博物館	45頁
33	スタンプ形石器	府中市武蔵台遺跡	早期	5		府中市郷土の森博物館	
34	抉入磨石	府中市武蔵台遺跡	早期	1		府中市郷土の森博物館	45頁
35	抉入磨石	府中市武蔵台遺跡	早期	1		府中市郷土の森博物館	
36	特殊磨石	府中市武蔵台遺跡	早期	1		府中市郷土の森博物館	45頁
37	特殊磨石	府中市武蔵台遺跡	早期	1		府中市郷土の森博物館	
38	敲石	北区七社神社前遺跡	前期	1		北区飛鳥山博物館	
39	磨敲石	北区七社神社前遺跡	前期	3		北区飛鳥山博物館	

No.	資料名（別称）	出土遺跡	時期	員数	指定	所蔵先	掲載頁
40	磨石	府中市武蔵台遺跡	早期	1		府中市郷土の森博物館	45頁
41	磨石	府中市武蔵台遺跡	早期	1		府中市郷土の森博物館	
42	石皿	府中市武蔵台遺跡	早期	1		府中市郷土の森博物館	45頁
43	台石	北区七社神社前遺跡	前期	1		北区飛鳥山博物館	
44	石皿	北区七社神社前遺跡	前期	1		北区飛鳥山博物館	
45	打製石斧	多摩ニュータウン№796遺跡	草創期	1		東京都教育委員会	
46	打製石斧	多摩ニュータウン№661遺跡	早期	1		東京都教育委員会	
47	打製石斧	多摩ニュータウン№466遺跡	早期	1		東京都教育委員会	
48	打製石斧	板橋区志村遺跡第6地点	前期	2		板橋区教育委員会	
49	打製石斧	多摩ニュータウン№72遺跡	中期	62		東京都教育委員会	
50	打製石斧	多摩ニュータウン№9遺跡	中期	7		東京都教育委員会	
51	打製石斧	打製石斧製作の実験石器	－	一式		東京都教育委員会	
52	磨製石斧	多摩ニュータウン№9遺跡	中期	1		東京都教育委員会	
53	磨製石斧	多摩ニュータウン№527遺跡	早期	3		東京都教育委員会	
54	磨製石斧	板橋区志村遺跡第6地点	前期	1		板橋区教育委員会	
55	磨製石斧	多摩ニュータウン№72遺跡	中期	4		東京都教育委員会	
56	磨製石斧	青梅市中宿遺跡	後晩期	2		青梅市郷土博物館	

縄文石器の多様なカタチ

No.	資料名（別称）	出土遺跡	時期	員数	指定	所蔵先	掲載頁
1	石鍬	府中市武蔵台遺跡	早期	1		府中市郷土の森博物館	
2	石鏃	府中市武蔵台遺跡	早期	1		府中市郷土の森博物館	
3	磨製石斧	町田市なすな原遺跡		4		町田市教育委員会	
4	石鏃	町田市なすな原遺跡		8		町田市教育委員会	
5	異形石器	町田市なすな原遺跡		2		町田市教育委員会	
6	石鏃	板橋区志村遺跡第5地点		4		板橋区教育委員会	
7	石鏃	多摩ニュータウン№471遺跡		1		東京都教育委員会	46頁
8	石匙	多摩ニュータウン№471遺跡		1		東京都教育委員会	46頁
9	石鏃	多摩ニュータウン№300遺跡		1		東京都教育委員会	
10	石匙	多摩ニュータウン№300遺跡		1		東京都教育委員会	46頁
11	石槍	多摩ニュータウン№950遺跡		1		東京都教育委員会	
12	石鏃	多摩ニュータウン№72・795・796遺跡		1		東京都教育委員会	46頁
13	石鏃	多摩ニュータウン№72・795・796遺跡		5		東京都教育委員会	
14	石匙	多摩ニュータウン№72・795・796遺跡		5		東京都教育委員会	
15	岩偶	多摩ニュータウン№72・795・796遺跡		1		東京都教育委員会	46頁
16	打製石斧（土製）	多摩ニュータウン№72・795・796遺跡		1		東京都教育委員会	46頁
17	石鏃（土製）	多摩ニュータウン№72・795・796遺跡		1		東京都教育委員会	46頁
18	石錐（土製）	多摩ニュータウン№72・795・796遺跡		1		東京都教育委員会	46頁

No.	資料名（別称）	出土遺跡	時期	員数	指定	所蔵先	掲載頁
19	石鏃	多摩ニュータウンNo.27遺跡		1		東京都教育委員会	46頁
20	石槍	多摩ニュータウンNo.924遺跡		1		東京都教育委員会	46頁
21	打製石斧	多摩ニュータウンNo.107遺跡		2		東京都教育委員会	
22	石匙	多摩ニュータウンNo.9遺跡		2		東京都教育委員会	46頁
23	石匙	多摩ニュータウンNo.9遺跡		1		東京都教育委員会	
24	石匙	多摩ニュータウンNo.753遺跡		1		東京都教育委員会	
25	打製石斧	多摩ニュータウンNo.46遺跡		1		東京都教育委員会	
26	石鏃	多摩ニュータウンNo.960遺跡		1		東京都教育委員会	46頁
27	石鏃	多摩ニュータウンNo.960遺跡		1		東京都教育委員会	
28	石鏃	多摩ニュータウンNo.939遺跡		3		東京都教育委員会	46頁
29	打製石斧	多摩ニュータウンNo.939遺跡		1		東京都教育委員会	
30	石鏃	多摩ニュータウンNo.200遺跡		1		東京都教育委員会	46頁
31	石鏃	多摩ニュータウンNo.200遺跡		3		東京都教育委員会	
32	石匙（土製）	多摩ニュータウンNo.20遺跡		1		東京都教育委員会	46頁
33	石鏃	多摩ニュータウンNo.520遺跡		1		東京都教育委員会	
34	石鏃	多摩ニュータウンNo.382・383遺跡		1		東京都教育委員会	
35	石鏃	多摩ニュータウンNo.446遺跡		1		東京都教育委員会	46頁

（2）　土器
土器の機能と美の変化

No.	資料名（別称）	出土遺跡	時期	員数	指定	所蔵先	掲載頁
1	深鉢形土器	あきる野市前田耕地遺跡	草創期・無文	1	重文	東京都教育委員会	12頁
2	深鉢形土器	武蔵野市御殿山遺跡	草創期・無文	1		武蔵野市教育委員会	12頁
3	深鉢形土器	町田市なすな原遺跡	草創期・隆起線文	1	市	町田市教育委員会	47頁
4	深鉢形土器	多摩ニュータウンNo.99遺跡	早期撚糸文・井草	1		東京都教育委員会	47頁
5	深鉢形土器	多摩ニュータウンNo.207遺跡	早期沈線文・田戸下層	1		東京都教育委員会	47頁
6	深鉢形土器	多摩ニュータウンNo.72遺跡	早期条痕文・鵜ヶ島台	1		東京都教育委員会	47頁
7	深鉢形土器	多摩ニュータウンNo.243・244遺跡　J3号土坑	前期前半・関山	1		東京都教育委員会	48頁
8	深鉢形土器	品川区居木橋遺跡　D地区6住	前期後半・諸磯a	1		品川区立品川歴史館	48頁
9	深鉢形土器	品川区居木橋遺跡　D地区6住	前期後半・諸磯a	1		品川区立品川歴史館	48頁
10	深鉢形土器	多摩ニュータウンNo.446遺跡　15号住	中期前半・勝坂	1		東京都教育委員会	49頁
11	深鉢形土器	多摩ニュータウンNo.67遺跡	中期前半・勝坂	1		東京都教育委員会	50頁
12	深鉢形土器	多摩ニュータウンNo.9遺跡	中期前半・勝坂	1		東京都教育委員会	51頁
13	深鉢形土器	多摩ニュータウンNo.3遺跡	中期前半・勝坂	1		東京都教育委員会	51頁
14	深鉢形土器	多摩ニュータウンNo.300遺跡　26住	中期後半・加曽利E	1		東京都教育委員会	52頁
15	深鉢形土器	多摩ニュータウンNo.300遺跡　1住	中期後半・曽利	1		東京都教育委員会	52頁
16	深鉢形土器	多摩ニュータウンNo.446遺跡　56住	中期後半・連弧文	1		東京都教育委員会	52頁

No.	資料名（別称）	出土遺跡	時期	員数	指定	所蔵先	掲載頁
17	浅鉢形土器	多摩ニュータウン№248 遺跡	中期後半・加曽利E	1		東京都教育委員会	50頁
18	壺形土器	多摩ニュータウン№72 遺跡　190住	中期後半・加曽利E	1		東京都教育委員会	52頁
19	深鉢形土器	多摩ニュータウン№920 遺跡	後期初頭・称名寺	1		東京都教育委員会	54頁
20	深鉢形土器	町田市なすな原遺跡№1地区　101号埋甕	後期前半・堀之内1	1		町田市教育委員会	53頁
21	注口土器	町田市なすな原遺跡№1地区　102号住居	後期前半・堀之内2	1		町田市教育委員会	
22	注口土器	町田市なすな原遺跡№1地区　102号住居	後期前半・堀之内2	1		町田市教育委員会	54頁
23	注口土器	町田市なすな原遺跡№1地区　413号土壙	後期前半・加曽利B3	1		町田市教育委員会	54頁
24	鉢形土器	町田市野津田上の原　土壙墓群F	加曽利B1	1		町田市教育委員会	55頁
25	台付鉢形土器	町田市なすな原遺跡№1地区　408号土壙	後期前半・加曽利B3	1		町田市教育委員会	55頁
26	鳥形土器	町田市なすな原遺跡№1地区　遺構外出土	後期	1		町田市教育委員会	54頁
27	深鉢形土器	北区西ヶ原貝塚29号貝層	後期前半・加曽利B3	1		北区飛鳥山博物館	55頁
28	深鉢形土器	北区西ヶ原貝塚34号住	後期後半・曽谷	1		北区飛鳥山博物館	55頁
29	深鉢形土器	板橋区小豆沢貝塚	晩期・安行3a	1		東京国立博物館	57頁
30	深鉢形土器	町田市なすな原遺跡№1地区　139号住居跡	晩期・安行3a	1		町田市教育委員会	57頁
31	香炉形土器	町田市なすな原遺跡№1地区　123号住居跡	晩期・大洞B-C	1		町田市教育委員会	56頁
32	浅鉢形土器	町田市なすな原遺跡№1地区　389号土壙	晩期・大洞C2	1		町田市教育委員会	57頁
33	土器	町田市なすな原遺跡№1地区　土器片集中址	晩期・安行3b～3C	1		町田市教育委員会	57頁
34	深鉢形土器	町田市なすな原遺跡№1地区　366号土壙	晩期・大洞B-C	1		町田市教育委員会	57頁

土器作り

1	未焼成土器	多摩ニュータウン№245 遺跡　51住	中期後半・曽利	1		東京都教育委員会	59頁
2	加工礫・石皿	多摩ニュータウン№245 遺跡　51住	中期後半	2		東京都教育委員会	
3	器台	多摩ニュータウン№245 遺跡　51住	中期後半	1		東京都教育委員会	
4	浅鉢形土器	多摩ニュータウン№245・248 遺跡	中期後半・曽利	1		東京都教育委員会	59頁
5	打製石斧	多摩ニュータウン№245・248 遺跡	後期前半	1		東京都教育委員会	59頁
6	深鉢形土器	多摩ニュータウン№245 遺跡　56住	中期前半・勝坂	1		東京都教育委員会	59頁
7	深鉢形土器	多摩ニュータウン№245 遺跡　38住	中期前半・勝坂	1		東京都教育委員会	59頁
8	深鉢形土器	多摩ニュータウン№245 遺跡　33住	中期前半・勝坂	1		東京都教育委員会	59頁
9	深鉢形土器	多摩ニュータウン№245 遺跡　33住	中期前半・勝坂	1		東京都教育委員会	59頁
10	深鉢形土器	多摩ニュータウン№245 遺跡　33住	中期前半・勝坂	1		東京都教育委員会	59頁
11	深鉢形土器	多摩ニュータウン№245 遺跡　33住	中期前半・勝坂	1		東京都教育委員会	59頁

（3）木工・漆工の世界
木工

1	斧柄	富山県小矢部市桜町遺跡	中期末～後期初頭	1		富山県小矢部市教育委員会	60頁
2	斧柄	新潟市大武遺跡	晩期	4		新潟県教育委員会	

No.	資料名（別称）	出土遺跡	時期	員数	指定	所蔵先	掲載頁
3	掘り棒	群馬県太田市下田遺跡	中期後半～後期	1		群馬県太田市教育委員会	
4	容器未製品	群馬県太田市下田遺跡	後期	1		群馬県太田市教育委員会	
5	分断材	東村山市下宅部遺跡	後晩期	1		東村山ふるさと歴史館	
6	鉢未製品	世田谷区岡本前耕地遺跡	後期	1		世田谷区教育委員会	
7	分断材	世田谷区岡本前耕地遺跡	後期	1		世田谷区教育委員会	
8	杓子未製品	北区御殿前遺跡	中期後半	1		北区飛鳥山博物館	
9	片口未製品	北区御殿前遺跡	中期後半	1		北区飛鳥山博物館	
10	片口未製品	新潟県新津市青田遺跡	晩期	1	県	新潟県教育委員会	
11	水差し未製品	世田谷区岡本前耕地遺跡	中期後半	1		東京都教育委員会	
12	水差し未製品	新潟市御井戸遺跡	晩期	1	市	新潟市文化財センター	61頁
13	水差し未製品	新潟市御井戸遺跡	晩期	1	市	新潟市文化財センター	61頁
14	水差し未製品	新潟市御井戸遺跡	晩期	1	市	新潟市文化財センター	61頁
15	水差し未製品	新潟市御井戸遺跡	晩期	1	市	新潟市文化財センター	61頁
16	鉢未製品	新潟市御井戸遺跡	晩期	1	市	新潟市文化財センター	61頁
17	鉢未製品	新潟市御井戸遺跡	晩期	1	市	新潟市文化財センター	61頁
18	鉢未製品	新潟市御井戸遺跡	晩期	1	市	新潟市文化財センター	61頁

漆工

1	鉢	世田谷区岡本前耕地遺跡	中期後半	1		東京都教育委員会	63頁
2	鉢	富山県小矢部市桜町遺跡	中期末～後期初頭	1		富山県小矢部市教育委員会	63頁
3	鉢	埼玉県寿能泥炭遺跡	中期	1		埼玉県教育委員会	
4	鉢	埼玉県寿能泥炭遺跡	後期後半	1		埼玉県教育委員会	
5	鉢	胎内市分谷地Ａ遺跡	後期初頭	1	県	新潟県胎内市教育委員会	63頁
6	水差し	群馬県太田市下田遺跡	後期	1	県	群馬県太田市教育委員会	
7	鉢	埼玉県川口市石神貝塚	中期後半～後期	1		川口市教育委員会	
8	杓子柄	東村山市下宅部遺跡	後期～晩期初頭	1	重文	東村山ふるさと歴史館	
9	飾り弓	東村山市下宅部遺跡	後期後葉	1	重文	東村山ふるさと歴史館	
10	飾り弓	東村山市下宅部遺跡	後期後葉	1	重文	東村山ふるさと歴史館	
11	櫛	さいたま市南鴻沼遺跡	晩期	1		さいたま市教育委員会	

（4）　漁具としての骨角器

1	骨角器	神奈川県夏島貝塚	早期	5	重文	明治大学博物館（考古部門）	64頁
2	骨角器・牙器	神奈川県吉井城山貝塚	早期	23	県	横須賀市自然・人文博物館	64頁

第4節　移動と供給・交易に関わる研究
（1）　人びとの交流を物語る土器

1	鉢形土器	多摩ニュータウン№471遺跡	中期初頭 北裏Ｃ式	1		東京都教育委員会	65頁
2	深鉢形土器	多摩ニュータウン№72遺跡　10住	中期前半 後沖式	1		東京都教育委員会	65頁

No.	資料名（別称）	出土遺跡	時期	員数	指定	所蔵先	掲載頁
3	深鉢形土器	多摩ニュータウン No.72 遺跡　75 住	中期後半 中富式	1		東京都教育委員会	65 頁
4	深鉢形土器	多摩ニュータウン No.72 遺跡　61 住	中期後半 大木 8b 式	1		東京都教育委員会	65 頁
5	浅鉢形土器	多摩ニュータウン No.72 遺跡　324 住	中期後半 大木 8a 式	1		東京都教育委員会	65 頁

（2）　ヒスイロードとコハク

No.	資料名（別称）	出土遺跡	時期	員数	指定	所蔵先	掲載頁
1	垂玉	奥多摩町滝の平遺跡	後～晩期	1	町		67 頁
2	大珠（多孔）	青梅市岩蔵遺跡	中期後半	1		青梅市郷土博物館	67 頁
3	大珠（緒締）	青梅市丸山遺跡	中期	1		青梅市郷土博物館	67 頁
4	大珠（緒締）（コハク）	あきる野市網代門口遺跡　SK10 土坑	中期	1		あきる野市教育委員会	68 頁
5	大珠（不整）	八王子市高倉	縄文	1		東京国立博物館	67 頁
6	大珠未製品 （緒締？）	八王子市下寺田西遺跡 SI-1 号住居跡　周溝内	中期・勝坂 3	1		八王子市教育委員会	67 頁
7	丸玉（コハク）	八王子市日向四谷遺跡	中期	1		八王子市教育委員会	68 頁
8	丸玉（コハク）	八王子市日向四谷遺跡	中期	1		八王子市教育委員会	68 頁
9	大珠（根付）	八王子市滑坂遺跡　ピット 12	中期	1		八王子市教育委員会	67 頁
10	大珠（緒締）	八王子市滑坂遺跡　包含層	中期	1		八王子市教育委員会	67 頁
11	装飾品	八王子市小比企向原遺跡	中期	1		八王子市教育委員会	67 頁
12	大珠（緒締）	八王子市宇津木台遺跡 D 地区 SI45A 住	中期・勝坂 3	1		八王子市教育委員会	67 頁
13	大珠（鰹節）	多摩ニュータウン No.72 遺跡　324 号住	中期・勝坂 3	1		東京都教育委員会	67 頁
14	大珠（多孔）	多摩ニュータウン No.72 遺跡　328 号住	中期・勝坂 3	1		東京都教育委員会	67 頁
15	大珠（緒締）	多摩ニュータウン No.72 遺跡　包含層	中期	1		東京都教育委員会	67 頁
16	大珠（緒締）	多摩ニュータウン No.72 遺跡　包含層	中期	1		東京都教育委員会	67 頁
17	装身具	多摩ニュータウン No.46 遺跡　包含層	中期	1		東京都教育委員会	67 頁
18	大珠	多摩ニュータウン No.9 遺跡　包含層	中期	1		東京都教育委員会	67 頁
19	未製品	多摩ニュータウン No.9 遺跡　包含層	中期	1		東京都教育委員会	67 頁
20	原石	多摩ニュータウン No.245 遺跡　包含層	中期～後期	1		東京都教育委員会	67 頁
21	磨石類（敲石）	東村山市下宅部遺跡　IV区丘陵部	縄文	1		東村山ふるさと歴史館	
22	礫（原石）（コハク）	東村山市下宅部遺跡　II区流路 3b	縄文	1		東村山ふるさと歴史館	
23	珠	東久留米市新山遺跡　包含層	中期・加曽利 E	1	市	東久留米市郷土資料室	67 頁
24	珠	東久留米市新山遺跡　包含層	中期・加曽利 E	1	市	東久留米市郷土資料室	67 頁
25	垂玉（コハク）	立川市向郷遺跡　SK75E 土壙	中期・加曽利 E	1	市	立川市歴史民俗資料館	68 頁
26	大珠	国分寺市恋ヶ窪遺跡　28 号土壙	中期・ 勝坂～加曽利 E2	1	市	国分寺市教育委員会	67 頁
27	大珠（緒締）	国分寺市恋ヶ窪遺跡　28 号土壙	中期・ 勝坂～加曽利 E2	1	市	国分寺市教育委員会	67 頁
28	垂玉	国分寺市多喜窪遺跡　土坑	中期	1		国分寺市教育委員会	67 頁
29	玉	国分寺市多喜窪遺跡　採集品 （立正大学　吉田　格コレクション）	中期	1		立正大学博物館	67 頁
30	大珠	小金井市貫井遺跡　B 竪穴住居内土坑	中期・加曽利 E2	1		小金井市教育委員会	67 頁

No.	資料名（別称）	出土遺跡	時期	員数	指定	所蔵先	掲載頁
31	大珠	小金井市貫井遺跡　包含層	中期	1		小金井市教育委員会	67頁
32	ヒスイ原石	三鷹市市立第五中学校遺跡　SK-53	中期・加曽利E	1		三鷹市教育委員会	
33	垂飾	世田谷区松原（松原羽根木通）遺跡　9号住	中期・加曽利E	1		世田谷区教育委員会	68頁
34	大珠	世田谷区松原（松原羽根木通）遺跡　34号住	中期・勝坂3	1		世田谷区教育委員会	68頁
35	玉	世田谷区堂ヶ谷戸遺跡　55b号土壙	中期・加曽利E	1		世田谷区教育委員会	68頁
36	大珠（緒締）	世田谷区堂ヶ谷戸遺跡　16号土壙	中期・加曽利E	1		世田谷区教育委員会	68頁
37	大珠（根付）	世田谷区明治薬科大遺跡　26号住	中期・加曽利E2	1		世田谷区教育委員会	68頁
38	小形磨製石斧	世田谷区明治薬科大遺跡　30号住	中期・加曽利E1	1		世田谷区教育委員会	68頁
39	大珠（鰹節）	世田谷区明治薬科大遺跡　52号住	中期・加曽利E1	1		世田谷区教育委員会	68頁
40	大珠（緒締）	世田谷区桜木遺跡　8号住	中期・勝坂3	1	区	世田谷区教育委員会	68頁
41	大珠（緒締）	世田谷区桜木遺跡　218号住	中期・勝坂3	1	区	世田谷区教育委員会	68頁
42	垂飾	世田谷区桜木遺跡　14号住	中期・加曽利E3	1	区	世田谷区教育委員会	68頁
43	大珠	世田谷区祖師谷大道北遺跡　37号住	中期〜後期	1		世田谷区教育委員会	68頁
44	丸玉	世田谷区騎兵山遺跡　SI15住	中期・阿玉台Ib	1		世田谷区教育委員会	68頁
45	大珠	練馬区小竹遺跡　墓壙	中期・加曽利E	1	区	練馬区立石神井公園ふるさと文化館	68頁
46	大珠（鰹節）	北区西ヶ原貝塚	後期（中期？）	1		東京国立博物館	68頁
47	大珠未製品	町田市忠生遺跡A地区　D-4区Ⅲ層	縄文	1		町田市教育委員会	68頁
48	垂飾未製品	町田市忠生遺跡A地区　8号住	中期・加曽利E2	1		町田市教育委員会	
49	大珠	町田市忠生遺跡A地区　76号住	中期・勝坂3	1		町田市教育委員会	68頁
50	大珠（鰹節）	町田市忠生遺跡A地区　185号土坑	中期・勝坂2	1		町田市教育委員会	68頁
51	大珠（緒締）	町田市忠生遺跡B地区　14号住	中期・勝坂3	1		町田市教育委員会	68頁
52	大珠	町田市忠生遺跡B地区　22号住	中期・勝坂2	1		町田市教育委員会	68頁
53	未製品	町田市忠生遺跡B地区　包含層	中期	1		町田市教育委員会	68頁

（3）縄文石器の石材と産地

1	岩石標本	―	―	11		東京都埋蔵文化財センター	

第3章　縄文人の暮らし
第1節　海岸部での暮らし―北区西ヶ原遺跡群―
（1）浜辺の様子

1	丸木舟	中里遺跡	中期	1	都	北区飛鳥山博物館	72頁
2	櫂	青田遺跡	晩期	1	県	新潟県教育委員会	
3	丸木舟	千葉県落合遺跡	後期	1		江戸東京たてもの園	72頁

（2）中里貝塚（ハマ貝塚）

1	貝層剥ぎ取り標本	北区中里貝塚	中期	1		北区飛鳥山博物館	

（3）低地における活動

1	土坑切り取り標本	北区御殿前遺跡	中期	1		北区飛鳥山博物館	

No.	資料名（別称）	出土遺跡	時期	員数	指定	所蔵先	掲載頁
2	漆塗り土器	北区御殿前遺跡	中期	6		北区飛鳥山博物館	
3	漆塗り土器	東村山市下宅部遺跡	後期	3	重文	東村山ふるさと歴史館	

（4）　貝塚にみる食料の獲得と消費－ムラ貝塚とハマ貝塚－

No.	資料名（別称）	出土遺跡	時期	員数	指定	所蔵先	掲載頁
1	深鉢形土器	北区西ヶ原貝塚昌林寺地点	後期・加曽利B1	1		北区飛鳥山博物館	
2	鉢形土器	北区西ヶ原貝塚昌林寺地点	後期・加曽利B1	2		北区飛鳥山博物館	
3	注口土器（加曽利B1）	北区西ヶ原貝塚昌林寺地点	後期・加曽利B1	1		北区飛鳥山博物館	
4	鉢形土器	北区西ヶ原貝塚	後期・堀之内1	1		北区飛鳥山博物館	
5	深鉢形土器	北区西ヶ原貝塚	後期・堀之内2	2		北区飛鳥山博物館	
6	鉢形土器	北区西ヶ原貝塚	後期・堀之内2	1		北区飛鳥山博物館	
7	注口土器	北区西ヶ原貝塚	後期・堀之内2	1		北区飛鳥山博物館	
8	深鉢形土器	北区西ヶ原貝塚	後期・中妻タイプ	1		北区飛鳥山博物館	
9	粗製小型鉢形土器	北区西ヶ原貝塚	後期・加曽利B2	1		北区飛鳥山博物館	
10	鉢形土器	北区西ヶ原貝塚86号土坑	後期・加曽利B1	1		北区飛鳥山博物館	
11	鉢形土器	北区西ヶ原貝塚	後期・曽谷	1		北区飛鳥山博物館	
12	鉢形土器	北区西ヶ原貝塚	後期・安形1〜2	1		北区飛鳥山博物館	
13	石鏃	北区西ヶ原貝塚	後期	5		北区飛鳥山博物館	
14	打製石斧	北区西ヶ原貝塚	後期	2		北区飛鳥山博物館	
15	磨製石斧	北区西ヶ原貝塚	後期	3		北区飛鳥山博物館	
16	磨り石	北区西ヶ原貝塚	後期	1		北区飛鳥山博物館	
17	石皿	北区西ヶ原貝塚	後期	1		北区飛鳥山博物館	
18	牙鏃	北区西ヶ原貝塚	後期	1		北区飛鳥山博物館	
19	銛先	北区西ヶ原貝塚	後晩期	1		北区飛鳥山博物館	
20	貝刃	北区西ヶ原貝塚	後期	2		北区飛鳥山博物館	
21	蓋	北区西ヶ原貝塚	後期	2		北区飛鳥山博物館	
22	土錘	北区西ヶ原貝塚	後期	2		北区飛鳥山博物館	
23	獣骨（イノシシ、シカ等）	北区西ヶ原貝塚	後期	一式		北区飛鳥山博物館	
24	魚骨（マダイ、スズキ、ウナギ等）	北区西ヶ原貝塚	後期	一式		北区飛鳥山博物館	
25	貝類（ハマグリ、ヤマトシジミ等）	北区西ヶ原貝塚	後期	一式		北区飛鳥山博物館	
26	深鉢（縄文のみ）	北区中里貝塚	中期	1		北区飛鳥山博物館	
27	深鉢（称名寺）	北区中里貝塚	後期	1		北区飛鳥山博物館	
28	礫器	北区中里貝塚	中期	2		北区飛鳥山博物館	
29	ハマグリ、マガキ	北区中里貝塚	中期	一式		北区飛鳥山博物館	

（5）　ムラ貝塚における祭祀の場と道具

No.	資料名（別称）	出土遺跡	時期	員数	指定	所蔵先	掲載頁
1	深鉢形土器	北区西ヶ原貝塚	後期・称名寺	1		北区飛鳥山博物館	74頁
2	鉢形土器	北区西ヶ原貝塚　6号人骨副葬品	後期・加曽利B2	1		北区飛鳥山博物館	
3	耳飾り	北区西ヶ原貝塚　6号人骨着装品	後期・堀之内2	1		北区飛鳥山博物館	

No.	資料名（別称）	出土遺跡	時期	員数	指定	所蔵先	掲載頁
4	注口土器	北区西ヶ原貝塚　21号住	後期・堀之内2	2		北区飛鳥山博物館	75頁
5	深鉢形土器	北区西ヶ原貝塚　21号住	後期・堀之内2	2		北区飛鳥山博物館	
6	浅鉢形土器	北区西ヶ原貝塚　21号住	後期・堀之内2	1		北区飛鳥山博物館	
7	深鉢形土器	北区西ヶ原貝塚　14号住	後期・堀之内2	2		北区飛鳥山博物館	75頁

（6）　塩づくり

No.	資料名（別称）	出土遺跡	時期	員数	指定	所蔵先	掲載頁
1	パネルのみ						

（7）　ムラ貝塚再現展示

No.	資料名（別称）	出土遺跡	時期	員数	指定	所蔵先	掲載頁
1	ムラ貝塚（西ヶ原貝塚）再現模型（原寸）	北区西ヶ原貝塚	後期・堀之内2	1			
2	深鉢形土器	北区西ヶ原貝塚	後期・堀之内2	7		北区飛鳥山博物館	77頁
3	深鉢形土器	北区西ヶ原貝塚	後期・堀之内2	8		北区飛鳥山博物館	
4	鉢形土器	北区西ヶ原貝塚	後期・堀之内2	1		北区飛鳥山博物館	

第2節　丘陵部での暮らし
（1）　環状集落再現模型

No.	資料名（別称）	出土遺跡	時期	員数	指定	所蔵先	掲載頁
1	環状集落再現模型（1/20）						

（2）　一括廃棄遺物、生業、まつりの道具、服飾

No.	資料名（別称）	出土遺跡	時期	員数	指定	所蔵先	掲載頁
1	深鉢形土器、浅鉢形土器、器台、二次利用土器片、石鏃、石槍、石匙、石錐打製石斧、磨製石斧、磨製石斧未製品、磨石、石皿、石錘、土錘、有効鍔付き土器、釣り手土器、ミニチュア土器、土鈴、三角柱状土製品、土偶、耳栓、垂飾	多摩ニュータウンNo.72遺跡	中期	一式		東京都教育委員会	
2	垂飾	多摩ニュータウンNo.107遺跡	中期	6		東京都教育委員会	
3	垂飾	多摩ニュータウンNo.471遺跡	中期	3		東京都教育委員会	
4	垂飾	多摩ニュータウンNo.46遺跡	中期	1		東京都教育委員会	
5	垂飾	多摩ニュータウンNo.259遺跡	中期	1		東京都教育委員会	
6	垂飾	多摩ニュータウンNo.300遺跡	中期	1		東京都教育委員会	

第3節　暮らしの中の道具類
（1）　装身具

No.	資料名（別称）	出土遺跡	時期	員数	指定	所蔵先	掲載頁
1	玉（勾玉）	東村山市下宅部遺跡　Ⅲ区流路1	後～晩期	1	重文	東村山ふるさと歴史館	
2	玉	東村山市下宅部遺跡　表採	縄文	1	重文	東村山ふるさと歴史館	
3	石製勾玉	調布市下布田遺跡　9地点	晩期	1		江戸東京たてもの園	
4	丸玉	板橋区小豆沢貝塚　貝層	後晩期	1		板橋区教育委員会	
5	勾玉	町田市田端遺跡　包含層	後晩期	1		町田市教育委員会	80頁
6	玉	町田市田端遺跡　包含層	縄文	1		町田市教育委員会	80頁
7	垂飾品	町田市なすな原遺跡No.1地区　102号住	堀之内2式	1		町田市教育委員会	
8	垂飾品	町田市なすな原遺跡No.1地区　123号住	晩期	1		町田市教育委員会	
9	垂飾	町田市なすな原遺跡No.3地区　包含層	後期～晩期	1		町田市教育委員会	
10	イタボガキ製垂飾	北区西ヶ原貝塚	後期	1		北区飛鳥山博物館	80頁

No.	資料名（別称）	出土遺跡	時期	員数	指定	所蔵先	掲載頁
11	貝輪（ベンケイガイ類）	北区西ヶ原貝塚	後期	1		北区飛鳥山博物館	
12	貝輪（ベンケイガイ類、垂飾再利用品）	北区西ヶ原貝塚	後期	1		北区飛鳥山博物館	
13	鹿角製腰飾り	北区西ヶ原貝塚	後期	1		北区飛鳥山博物館	80頁
14	貝輪（アカニシ）	北区西ヶ原貝塚	後期	2		北区飛鳥山博物館	
15	イノシシ牙製垂飾	北区袋低地遺跡	後期	1		北区飛鳥山博物館	80頁
16	貝輪（オオツタノハ）	北区西ヶ原貝塚昌林寺地点	縄文	1		北区飛鳥山博物館	80頁
17	垂飾（鹿角製）	荒川区延命院貝塚	後期	1		荒川区立荒川ふるさと文化館	
18	垂飾（オオヤマネコ牙製）	荒川区延命院貝塚	後期	1		荒川区立荒川ふるさと文化館	
19	玦状耳飾り	品川区居木橋貝塚	前期	2		品川区立品川歴史館	
20	玦状耳飾り	北区七社神社前遺跡	前期	2	区	北区飛鳥山博物館	80頁
21	玦状耳飾り	多摩ニュータウンNo.753遺跡	前期	1		東京都教育委員会	
22	玦状耳飾り	多摩ニュータウンNo.753遺跡	前期	1		東京都教育委員会	
23	管状装身具	多摩ニュータウンNo.753遺跡	前期	1		東京都教育委員会	
24	管状装身具	多摩ニュータウンNo.753遺跡	前期	1		東京都教育委員会	
25	玉	多摩ニュータウンNo.753遺跡	前期	1		東京都教育委員会	
26	玉	多摩ニュータウンNo.753遺跡	前期	1		東京都教育委員会	
27	玉	多摩ニュータウンNo.753遺跡	前期	1		東京都教育委員会	
28	耳栓	多摩ニュータウンNo.72遺跡	中期	10		東京都教育委員会	
29	耳栓	北区西ヶ原貝塚	後期	3		北区飛鳥山博物館	
30	木製耳飾り	中野区北江古田遺跡	後期	1	区	中野区立歴史民俗資料館	
31	木製耳飾り	北区袋低地遺跡	後期	1		北区飛鳥山博物館	80頁
32	耳飾り	町田市なすな原遺跡	晩期	8	市	町田市教育委員会	
33	耳飾り	青梅市喜代沢遺跡	晩期	2		江戸東京たてもの園	
34	耳飾り	調布市下布田遺跡	晩期	1	重文	江戸東京たてもの園	80頁

（2）土偶

No.	資料名（別称）	出土遺跡	時期	員数	指定	所蔵先	掲載頁
1	土偶	八王子市楢原遺跡	中期	1		八王子市教育委員会	82頁
2	土偶脚部	町田市木曽遺跡	中期	1		町田市教育委員会	
3	土偶	八王子市鍛冶屋敷・池の下遺跡	中期	1		東京都教育委員会	
4	土偶	あきる野市草花遺跡	中期	1		東京都教育委員会	81頁
5	土偶	あきる野市中高瀬遺跡	後期	5		東京都教育委員会	84頁
6	土偶	多摩ニュータウンNo.300遺跡	中期	2		東京都教育委員会	
7	土偶	多摩ニュータウンNo.72遺跡	中期	5		東京都教育委員会	
8	土偶	多摩ニュータウンNo.9遺跡	中期	12	都	東京都教育委員会	82頁
9	土偶	多摩ニュータウンNo.939遺跡	中期	2		東京都教育委員会	
10	土偶	町田市忠生遺跡A1地点	中期	23	市	町田市教育委員会	35頁
11	土偶	町田市田端東遺跡	後期	1	市	町田市教育委員会	84頁

No.	資料名（別称）	出土遺跡	時期	員数	指定	所蔵先	掲載頁
12	土偶	町田市田端東遺跡	中期	3		町田市教育委員会	
13	土偶	町田市田端東遺跡	後晩期	1		町田市教育委員会	
14	土偶	町田市田端遺跡	晩期	1		町田市教育委員会	
15	土偶	町田市なすな原遺跡No.1地区	後晩期	1		町田市教育委員会	
16	土偶	町田市なすな原遺跡No.3地区	後晩期	6		町田市教育委員会	
17	土偶	町田市なすな原遺跡No.3地区	後晩期	1		町田市教育委員会	85頁
18	土偶	板橋区赤塚城址貝塚	後期	1		江戸東京たてもの園	83頁
19	土偶	北区西ヶ原貝塚	後期	1		北区飛鳥山博物館	83頁
20	土偶	北区西ヶ原貝塚	後期	2		北区飛鳥山博物館	
21	土偶	北区東谷戸遺跡	後期	1	区	北区飛鳥山博物館	82頁
22	土偶	小金井市野川中洲北遺跡	後期	1		小金井市教育委員会	
23	土偶	北区西ヶ原貝塚	後晩期	1		東京大学総合研究博物館	85頁
24	土偶	大田区下沼部貝塚	後期	1		東京大学総合研究博物館	
25	土偶	大田区下沼部貝塚	後晩期	2		東京大学総合研究博物館	85頁
26	土偶	大田区下沼部貝塚	晩期	1		東京大学総合研究博物館	
27	土偶	目黒区東山貝塚	後期	1		東京大学総合研究博物館	83頁
28	土偶	千代田区本丸西貝塚	後期	1		東京大学総合研究博物館	
29	土偶	調布市下布田遺跡	晩期	1		江戸東京たてもの園	85頁
30	土偶	武蔵村山市吉祥山遺跡	晩期	1		武蔵村山市教育委員会	85頁
31	土偶	三鷹市坂上遺跡	中期	1	市	三鷹市教育委員会	81頁
32	土偶	三鷹市丸山A遺跡	後期	1	市	三鷹市教育委員会	84頁
33	土偶	府中市本宿町遺跡	中期	1		府中市教育委員会	81頁
34	土偶	多摩ニュータウンNo.471遺跡	中期	1		東京都教育委員会	
35	土偶	八王子市神谷原遺跡	中期	3		八王子市教育委員会	
36	土偶脚部	八王子市神谷原遺跡	中期	1		八王子市教育委員会	
37	土偶脚部	椚田遺跡群	中期	1		八王子市教育委員会	
38	土偶	椚田遺跡群	中期	1		八王子市教育委員会	
39	土偶	青梅市喜代沢遺跡	後期	1		青梅市郷土博物館	
40	土偶	武蔵村山市吉祥山遺跡	晩期	1		武蔵村山市教育委員会	
41	土偶	武蔵野市御殿山遺跡第1地区D地点	中期	1		武蔵野市教育委員会	82頁
42	土偶	三鷹市ICU構内遺跡	後期	1		国際基督教大学博物館 湯浅八郎記念館	83頁
43	土偶	荒川区日暮里延命院貝塚	後期	1		荒川区立荒川ふるさと文化館	
44	土偶	世田谷区蛇崩遺跡	中期	1		世田谷区教育委員会	
45	土偶	東村山市下宅部遺跡	後期	1		東村山ふるさと歴史館	
46	土偶	調布市はらやま遺跡	中期	1		調布市教育委員会	

No.	資料名（別称）	出土遺跡	時期	員数	指定	所蔵先	掲載頁

第4章 考古学の未来
第1節 「考古学を楽しむ」ということ

No.	資料名（別称）	出土遺跡	時期	員数	指定	所蔵先	掲載頁
1	パネルのみ						

第2節 親しみやすい考古学

No.	資料名（別称）	出土遺跡	時期	員数	指定	所蔵先	掲載頁
1	パネルのみ						

エピローグ 埋蔵文化財の保護と活用
第1節 開発と遺跡

No.	資料名（別称）	出土遺跡	時期	員数	指定	所蔵先	掲載頁
1	パネルのみ						

第2節 史跡整備と観光考古学

No.	資料名（別称）	出土遺跡	時期	員数	指定	所蔵先	掲載頁
1	貝層剥ぎ取り標本	品川区居木橋貝塚	前期	1		品川区教育委員会	

第3節 国宝・重要文化財

No.	資料名（別称）	出土遺跡	時期	員数	指定	所蔵先	掲載頁
1	土偶（縄文のビーナス）	長野県茅野市棚畑遺跡	中期	1	国宝	茅野市尖石縄文考古館	90頁
2	土偶（仮面の女神）	長野県茅野市中ッ原遺跡	後期	1	国宝	茅野市尖石縄文考古館	90頁

第4節 世界遺産への登録

No.	資料名（別称）	出土遺跡	時期	員数	指定	所蔵先	掲載頁
1	パネルのみ						

掲載写真の提供元・転載元

プロローグ　縄文時代素描
多摩ニュータウン№ 471 遺跡土偶（1）・土器圧痕の顕微鏡写真（2）東京都埋蔵文化財センター提供、前田耕地遺跡土器（2）東京都教育委員会提供、御殿山遺跡土器（2）武蔵野市教育委員会提供、神奈川県秦野市稲荷木遺跡（2）公益財団法人 かながわ考古学財団提供

第1章　東京の縄文時代発掘史
2節　東京の縄文遺跡
東京都の縄文主要遺跡
寺改戸遺跡遺構（2）青梅市郷土博物館提供、前田耕地遺跡遺構・遺物（3）東京都教育委員会提供、向郷遺跡遺構（2）立川歴史民俗資料館提供、緑川東遺跡遺構（2）国立市教育委員会提供、恋ヶ窪遺跡遺構（2）国分寺市教育委員会提供、下宅部遺跡全体図・遺物出土状況（4）東村山ふるさと歴史館提供、自由学園南遺跡全景（1）自由学園資料室提供、自由学園南遺跡遺物出土状況（1）東久留米市郷土資料室提供、下野谷遺跡全体図・遺構・遺物出土状況（3）西東京市教育委員会提供、辺名・宇津木台・小田野・小比企向原・椚田・神谷原遺跡遺構（6）八王子市教育委員会提供、七ツ塚遺跡遺構（1）日野市教育委員会提供、なすな原遺跡遺構・遺物（3）・田端遺跡遺構（2）町田市教育委員会提供、下布田遺跡遺構・遺物（2）調布市教育委員会提供（耳飾り・土偶・勾玉のみ江戸東京たてもの園提供）、鶯谷遺跡遺構（2）渋谷区教育委員会提供
東京の沿岸部貝塚分布図
四葉地区遺構・四枚畑貝塚遺物（2）板橋区教育委員会提供、動坂貝塚遺構（1）文京ふるさと歴史館提供、西久保八幡貝塚・伊皿子貝塚遺構・遺物出土状況（3）港区郷土歴史館提供、居木橋貝塚遺構・遺物出土状況（2）品川区立品川歴史館、千鳥窪貝塚遠景・遺物・遺物（3）『大田区史』資料編　考古1（1974）より転載
多摩ニュータウン遺跡分布
№ 426 遺跡と№ 796 遺跡の遺物写真は八王子市教育委員会提供、№ 9 遺跡の遺物写真は東京都埋蔵文化財センター提供、これ以外の遺跡関連写真は東京都埋蔵文化財センター調査報告第 25・50・64・75・108・227 集より転載
2項　大森貝塚
大森貝塚縄文土器（5）東京大学総合研究博物館提供、大森貝塚報告書（1）・二つの記念碑（4）・大森貝塚庭園（1）品川区立品川歴史館提供、E.S.モース肖像（1）米国ピーボディーエセックス博物館提供、*Shell Mounds of Omori* 及び同書掲載実測図（4）東京都江戸東京博物館提供
2項　沿岸部の貝塚
日暮里延命院貝塚土器（3）荒川区立荒川ふるさと文化館提供、雪ヶ谷貝塚土器（4）大田区立郷土博物館提供
3項　台地の遺跡
落合遺跡遺構（4）新宿歴史博物館提供、忠生遺跡遺構・遺物（8）町田市教育委員会提供
4項　山地の遺跡
駒木野遺跡遺構・遺物（4）青梅市郷土博物館提供

第2章　縄文時代の東京を考える ―東京とその周辺地域の輪郭―
2節　葬墓制研究
1項　弔いの移り変わり
七社神社前遺跡遺構・浅鉢・石匙（3）北区飛鳥山博物館提供、多摩ニュータウン№ 245 遺跡遺構（1）東京都埋蔵文化財センター調査報告第 57 集より転載、寺改戸遺跡注口・小型深鉢形土器（1）青梅市郷土博物館提供
2項　墓と縄文人
加賀町二丁目遺跡遺構・復元像（2）新宿歴史博物館提供、田端遺跡遺構・広袴遺跡異形台付き土器・なすな原遺跡石剣・石棒（3）町田市教育委員会提供
3節　道具に関わる研究
1項　石器
前田耕地遺跡石器（4）東京都教育委員会提供、多摩ニュータウン各遺跡石器（31）東京都埋蔵文化財センター提供、御殿山遺跡石器（1）武蔵野市教育委員会提供、下布田遺跡石器（2）江戸東京たてもの園提供
2項　土器
多摩ニュータウン各遺跡土器（14）東京都埋蔵文化財センター提供、なすな原遺跡土器（10）・野津田上の原遺跡土器（1）町田市教育委員会提供、居木橋貝塚土器（2）品川区立品川歴史館提供、西ヶ原貝塚土器（2）北区飛鳥山博物館提供、小豆沢貝塚土器（1）東京国立博物館提供、多摩ニュータウン№ 248 遺跡遺構（4）東京都教育委員会提供、多摩ニュータウン№ 248 遺跡土器・石器（8）東京都埋蔵文化財センター提供

3項　木工・漆工の世界

桜町遺跡木器・漆器（2）富山県小矢部市教育委員会提供、御井戸遺跡遺物出土状況・木器（2）新潟市文化財センター提供、御殿前遺跡遺物出土状況（1）北区飛鳥山博物館提供、岡本前耕地遺跡遺物出土状況・漆器（2）都立学校遺跡調査会（1993）より転載、分谷地 A 遺跡漆器（1）新潟県胎内市教育委員会提供

4項　漁具としての骨角器

夏島貝塚骨角器（1）明治大学博物館提供、吉井城山貝塚骨角器・牙器（1）横須賀市自然・人文博物館提供

4節　移動と供給・交易

1項　人々の交流を物語る土器

多摩ニュータウン各遺跡土器（5）東京都埋蔵文化財センター提供

2項　ヒスイロードとコハク

上向 B 遺跡ヒスイ・コハク（1）、岡谷市内出土のヒスイとコハク（1）市立岡谷美術考古館提供、丸山・岩蔵遺跡ヒスイ（2）青梅市郷土博物館提供、滝の平遺跡ヒスイ（1）奥多摩町教育委員会提供、多摩ニュータウン№9遺跡・№72遺跡ヒスイ（2）東京都埋蔵文化財センター提供、新山遺跡ヒスイ（2）東久留米市郷土資料室提供、貫井遺跡ヒスイ（1）小金井市教育委員会提供、高倉・下寺田西・滑坂・小比企向原・宇津木台遺跡ヒスイ（6）、日向四谷遺跡コハク（2）八王子市教育委員会提供、多喜窪・恋ヶ窪遺跡ヒスイ（1）国分寺市教育委員会提供、忠生遺跡ヒスイ（2）町田市教育委員会提供、明治薬科大・松原羽根木通・桜木・堂ヶ谷戸・騎兵山・祖師谷大道北遺跡ヒスイ（7）世田谷区教育委員会提供、西ヶ原貝塚ヒスイ（1）東京国立博物館提供、小竹遺跡ヒスイ（1）練馬区教育委員会提供、門口遺跡コハク（1）あきる野市教育委員会提供、向郷遺跡コハク（1）立川市歴史民俗資料館提供

第3章　縄文人の暮らし

1節　海岸部での暮らし

1項　貝塚にみる縄文人の暮らし

中里遺跡遺物出土状況写真（1）、中里貝塚遺構写真（1）、西ヶ原貝塚遺構・遺物写真（13）、御殿前遺跡遺構写真（1）北区飛鳥山博物館提供、千葉県落合遺跡出土（1）江戸東京たてもの園

2節　丘陵部での暮らし　縄文中期の環状集落

多摩ニュータウン各遺跡遺構（5）・イラスト（3）東京都教育委員会提供、多摩ニュータウン№72遺跡遺物（1）・関連写真（1）東京都埋蔵文化財センター提供

3節　暮らしのなかの道具類

1項　縄文時代の装身具

田端遺跡装身具（1）町田市教育委員会提供、西ヶ原貝塚装身具（3）・袋低地遺跡牙器（1）・袋低地遺跡耳飾り（1）、七社神社前遺跡耳飾り（1）北区飛鳥山博物館提供、多摩ニュータウン№72遺跡耳飾り（1）東京都埋蔵文化財センター提供、下布田遺跡耳飾り（1）江戸東京たてもの園提供

2項　東京の縄文土偶

坂上遺跡土偶（1）・丸山 A 遺跡土偶（1）三鷹市教育委員会提供、府中市本宿町遺跡土偶（1）府中市郷土の森博物館提供、草花遺跡土偶（1）東京都埋蔵文化財センター調査報告第288集より転載、御殿山遺跡土偶（1）武蔵野市教育委員会提供、檜原遺跡土偶（1）八王子市教育委員会提供、多摩ニュータウン№9遺跡土偶（1）東京都埋蔵文化財センター提供、東谷戸遺跡土偶（1）・西ヶ原貝塚土偶（1）北区飛鳥山博物館提供、赤塚城址貝塚土偶（1）・下布田遺跡土偶（1）江戸東京たてもの園、東山貝塚土偶（1）・下沼部貝塚土偶（2）・西ヶ原貝塚土偶（1）東京大学総合研究博物館提供、ICU 構内遺跡土偶（1）国際基督教大学博物館湯浅八郎記念館提供、田端東遺跡土偶（1）・なすな原遺跡土偶（1）町田市教育委員会提供、中高瀬遺跡土偶（1）東京都埋蔵文化財センター調査報告第201集より転載、吉祥山遺跡土偶（1）武蔵村山市教育委員会提供

第4章　考古学の未来

貝層剥ぎ取り標本見学風景（1）品川区教育委員会提供、土器づくり風景（1）東京都埋蔵文化財センター提供

エピローグ　埋蔵文化財の保護と活用

貝層の剥ぎ取り（1）品川区教育委員会提供、棚畑遺跡土偶（1）・中ツ原遺跡土偶（1）茅野市尖石縄文考古館提供

※（　）内の数字は掲載写真の点数。

引用・参考文献

【論文】

安孫子昭二 1998「背面人体文土偶」『土偶研究の地平 2』勉誠社

安孫子昭二・阿部芳郎他 2012『土偶と縄文社会』雄山閣

阿部芳郎 2019「道合遺跡 246 号土坑における製塩痕跡の分析」『北区道合遺跡（第 8 次調査）』東京都埋蔵文化財センター調査報告第 339 集

阿部芳郎編 2014『ハマ貝塚と縄文社会—国史跡中里貝塚の実像を探る—』雄山閣

網谷克彦 1996「鳥浜貝塚出土の木製品の形態分類」『鳥浜貝塚研究』1　福井県立若狭歴史民俗博物館

飯塚武司 2006「Ⅵ　発掘調査の成果」『岡本前耕地遺跡』東京都埋蔵文化財センター

飯塚武司 2007「縄文時代後・晩期の木工技術の発達と製作者について」『古代学研究』第 177 号　古代学研究会

飯塚武司 2018「北区御殿前遺跡第 42 地点出土の縄文時代中期後半の木器の意義」『研究論集』ⅩⅩⅩⅡ　東京都埋蔵文化財センター

飯塚武司 2019「斧柄の考古学」『研究論集』ⅩⅩⅩⅢ　東京都埋蔵文化財センター

飯塚武司 2021「縄文時代の木器・漆器の基礎的分類」『研究論集』ⅩⅩⅩⅤ　東京都埋蔵文化財センター

伊東隆夫・山田昌久編 2012『木の考古学』出土木製品用材データーベース　海青社

伊東崇 2006「分谷地 A 遺跡」『季刊考古学』第 95 号　雄山閣

上原真人 1993『木器集成図録』近畿原始篇　奈良国立文化財研究所

江坂輝彌 1943「南関東新石器時代貝塚より観る沖積世に於ける海進」『古代文化』14 巻 4 号

大網信良・守屋亮・佐々木由香・長佐古真也 2021「土器圧痕からみた縄文時代中期における多摩ニュータウン遺跡群の植物利用と遺跡間関係（第 2 報）」『研究論集』ⅩⅩⅩⅤ　東京都埋蔵文化財センター

岡田文男 2007「漆工技術」『縄文時代の考古学』6　ものづくり　同成社

春日真美 1997「大武遺跡」『年報平成 8 年度』新潟県埋蔵文化財調査事業団

上峯篤史 2018『縄文石器 その視角と方法』プリミエ・コレクション 86 京都大学学術出版会

喜田貞吉・杉山壽榮男 1932『日本石器時代植物性遺物図録』刀江書院

木村英明・上屋眞一 2018『縄文の女性シャーマン　カリンバ遺跡』新泉社

久保田正寿 2006「両極敲打技法について」『坂詰秀一先生古稀記念論文集（考古学の諸相, 2）』

久保田正寿 2007「打製石斧にみる両極敲打技」『季刊考古学』第 99 号　雄山閣

栗島義明編 2019『身を飾る縄文人—副葬品から見た縄文社会—』先史文化研究の新展開 2　雄山閣

小杉正人 1992「珪藻化石群集からみた最終氷期以降の東京湾の変遷史」『三郷市史　第 8 巻　自然編』pp. 112-193　三郷市

小林謙一 2019『縄紋時代の実年代講座』同成社

小林幸雄 1989「(3) 忍路土場遺跡出土漆櫛の製作技法」『忍路土場遺跡・忍路 5 遺跡』第 4 分冊　（財）北海道埋蔵文化財センター

佐々木由香 2006「割裂き木部材・藁・草の編み組み加工容器」『考古学ジャーナル』542　ニュー・サイエンス社

佐々木由香 2018「縄文・弥生時代の編組製品の素材植物」『季刊考古学』第 145 号　雄山閣

佐々木洋治・長橋至 1989「山形県高畠町押出遺跡」『縄文時代木の文化』富山考古学縄文時代研究グループ

杉山壽榮男 1930「石器時代有機質遺物の研究概報—特に「是川泥炭層出土品」に就て—」『史前学雑誌』第二巻第四号　史前学会

鈴木道之助 1981『図録　石器の基礎知識 3　縄文』柏書房

大工原豊 2008『縄文石器研究序論』六一書房

大工原豊編 2012『季刊考古学』第 119 号　雄山閣

大工原豊・長田友也・建石徹編 2020『縄文石器提要』考古調査ハンドブック 20　ニューサイエンス社

武田昭子 2006「Ⅵ自然科学分析の結果　第 1 節　岡本前耕地遺跡出土の漆製品の自然科学的調査」『岡本前耕地遺跡』東京都埋蔵文化財センター

武田昭子・上條朝宏・門倉武夫・赤沼英男・土屋信高・飯塚武司 2008「岡本前耕地遺跡出土漆器の材質と技法」『文化財学会レジュメ 2008』

千葉敏朗 2007「漆器製作のムラ—下宅部遺跡—」『縄文時代の考古学』6　ものづくり　同成社

東木龍七 1926「地形と貝塚分布より見たる関東低地の旧海岸線（一）～（三）」『地理学評論』第 2 巻 第 7 ～ 9 号　日本地理学会

永嶋正春 1985「縄文時代の漆工技術—東北地方の藍胎漆器を中心にして—」『国立歴史民俗博物館研究報告』第 6 集

永嶋正春 2006a「漆工技術の発達と特質」『季刊考古学』第 95 号　雄山閣

永嶋正春 2006b「うるしからみえてくるもの」『季刊考古学』第 95 号　雄山閣

西澤明 2015「関東地方における縄文墓制—後期前葉における居住域隣接墓地の一例—」『季刊考古学』第 130 号　雄山閣

西澤明 2019「関東地方における葬墓制研究の現状」『第 2 回研究集会発表要旨　縄文時代葬墓制研究の現段階』縄文時代文化研究会

原田昌之 2007「土偶の多様性」『縄文時代の考古学』11 心と信仰　同成社

前山精明 1996「16 新潟県西蒲原郡巻町御井戸遺跡」『日本考古学年報』47　日本考古学協会

前山精明・古越永子 1999「第5節道具と技術　第3項　木工技術」『新潟県の考古学』新潟県考古学会

松澤修 1996「箆状木製品の用途について」『紀要』第9号　（財）滋賀県文化財保護協会

松田権六 1964『うるしの話』岩波書店

村上由美子 2002「木製楔の基礎的論考」『史林』84巻4号　史学研究会

山田昌久・鈴木三男・能代修一 1990「考古学における木質遺物の樹種選択の研究の現状―木製品と樹種・森林資源の選択・使用樹種と工具
　　　（製作法）―」『日本民具学会論集』4　雄山閣

山田昌久・山浦正恵 1984「13.漆器の器種と樹種の選択・製作技法をめぐって」『寿能泥炭層遺跡発掘調査報告書―人工遺物・総括編―（分析調
　　　査・考察・総括）』埼玉県教育委員会

山本孝司 2007「土器製作のムラ―多摩ニュータウンNo.245・248遺跡を中心として」『縄文時代の考古学』6　ものづくり　同成社

山本孝司 2008「土器作り集団」『総覧　縄文土器』小林達夫編　アム・プロモーション

山本孝司 2010「関東地方西南域における縄文時代中期のヒスイ製品に関する考察―多摩丘陵・武蔵野台地の事例より」『比較地平の考古学』同成社

山本孝司 2012「東京都内のヒスイ・コハク製品について」『縄文時代のヒスイ大珠をめぐる研究』「威信財から見た縄文社会の構成と交易」科学研
　　　究費助成事業　基礎研究C　研究成果報告書

吉川昌伸 2017「御殿前遺跡の縄文時代早期後葉から晩期の花粉化石群」『北区御殿前遺跡―西ヶ原研修合同庁舎（仮称）の整備に伴う埋蔵文
　　　化財調査―』東京都埋蔵文化財センター調査報告第314集　東京都埋蔵文化財センター　第3分冊 pp.291－302

四柳嘉章 2006『漆Ⅰ・Ⅱ』法政大学出版局

【図録・一般書など】

荒川区立荒川ふるさと文化館 2010『発掘！　あらかわの遺跡展』

泉拓良・今村啓爾編 2013・2014『講座日本の考古学』3 縄文時代（上）・4 縄文時代（下）　青木書店

岩手県立博物館 2017『岩手県立博物館第68回企画展図録 遮光器土偶の世界』

大田区立郷土博物館 2008『雪ヶ谷貝塚』

大田区史編さん委員会 1974『大田区史』資料編　考古1

大森貝塚保存会 1977『大森貝塚』

北区飛鳥山博物館 2007『春季企画展　縄文人の祈り―東谷戸遺跡の土偶―』

北区飛鳥山博物館 2002『秋季企画展　七社神社前遺跡の‘諸磯’集落』

北区飛鳥山博物館 2010『奥東京湾の貝塚文化―中里貝塚とその時代―』展示図録

北区飛鳥山博物館 2017『縄文人の一生―西ヶ原貝塚に生きた人々―』

北区史編纂調査会 1994『北区史　資料編　考古1』東京都北区

北区史編纂調査会 1996『北区史　通史編　原始古代』東京都北区

工藤雄一郎・国立歴史民俗博物館 2014『ここまでわかった縄文人の植物利用』新泉社

工藤雄一郎・国立歴史民俗博物館 2017『さらにわかった縄文人の植物利用』新泉社

小金井市教育委員会 2019『小金井市史』資料編考古・中世

国分寺市教育委員会教育部ふるさと文化財課 2015『国分寺市の今昔』

国分寺市教育委員会 1986『国分寺市史』上巻

国立歴史民俗博物館 1994『漆文化―縄文・弥生時代―』展示図録

国立歴史民俗博物館 2005『水辺と森と縄文人』展示図録

国立歴史民俗博物館 2009『縄文はいつから!?　―1万5千年前になにがおこったのか―』

小林淳一・小山周子 2013『明治のこころ―モースが見た庶民のくらし』青幻舎

桜町遺跡発掘調査団 2005『桜町遺跡シンポジウム　考古資料から建築材・建築技術を考える』記録集

品川区立品川歴史館 1985『モース博士と大森貝塚』

品川区立品川歴史館 2007『日本考古学は品川から始まった―大森貝塚と東京の貝塚―』

東京都教育委員会・東京都埋蔵文化財センター 1993『多摩の遺跡展　発掘物語 in TAMA』

東京都埋蔵文化財センター 2018『蒼海わたる人々』平成 30 年度企画展示図録

八王子市市史編集委員会 2013『新八王子市史』資料編1　原始・古代

文化庁編 2003『発掘された日本列島 2003』朝日新聞社

北海道開拓記念館 1998『うるし文化―漆器が語る北海道の歴史―』展示図録

町田市立博物館 1999『発掘された町田の遺跡』

町田市立博物館 2013『忠生遺跡』

立正大学学園 1990『吉田格コレクション　考古資料図録』

横浜市歴史博物館・横浜市ふるさと歴史財団埋蔵文化財センター 1996『縄文時代草創期資料集』

【報告書都内】

青梅市遺跡調査会 1986『寺改戸遺跡』

青梅市遺跡調査会 1998『駒木野遺跡』

荒川区教育委員会 1990『日暮里延命院貝塚』

エドワード・エス・モース（矢田部良吉　口訳・寺内章明　筆記）1879『大森介墟古物編』（理科会枠第一帙上冊）東京大学法理文学部

大島泉津道路遺跡調査団 1994『大島泉津　波牛登り口遺跡』

加藤建設株式会社 2012『居木橋遺跡（A 地区）』

株式会社 Acube2017『東京都北区西ヶ原遺跡群　七社神社前遺跡―西ヶ原二丁目 14 番 30・31 号地点―』

株式会社ダイサン 2014『緑川東遺跡―第 27 地点―』

株式会社武蔵文化財研究所 2008『日暮里延命院貝塚』

財団法人新宿区生涯学習財団新宿歴史博物館 2002『落合』Ⅲ

品川区遺跡調査会 1991『居木橋遺跡』3

下野原遺跡発掘調査団 2007『下野原』

新宿区地域文化部 2014『市谷加賀町二丁目遺跡Ⅳ[埋葬遺構編]』

自由学園南遺跡調査団 1991『自由学園南遺跡』

自由学園南遺跡調査団 1996『自由学園南遺跡』Ⅲ

大成エンジニアリング株式会社 2009『鶯谷遺跡』

大成エンジニアリング株式会社 2010『落合』Ⅴ

大成エンジニアリング株式会社 2019『落合』Ⅵ

忠生遺跡調査会 2007『忠生遺跡』AⅠ

忠生遺跡調査会 2010『忠生遺跡』AⅡ

忠生遺跡調査会 2011『忠生遺跡』AⅢ

忠生遺跡調査会 2011『忠生遺跡』AⅣ

忠生遺跡調査会 2011『忠生遺跡』BⅡ

玉川文化財研究所 2002『雪ヶ谷貝塚』

玉川大学教育博物館 2017『東京都町田市田端環状積石遺構―田端遺跡第 1 次・第 2 次発掘調査報告書―』

立川市向郷遺跡調査団 1997『向郷遺跡』

調布市教育委員会 2017『史跡下布田遺跡総括報告書』

テイケイトレード株式会社 2004『落合』Ⅳ

東京都教育委員会 1978『西多摩文化財総合報告』第2分冊

東京都教育委員会 1986『八丈町　倉輪遺跡』

東京都北区教育委員会 1998『袋低地遺跡Ⅱ』

東京都北区教育委員会 2004『西ヶ原貝塚Ⅳ』

東京都北区教育委員会 2018『史跡　中里貝塚　総括報告書』

東京都教育委員会 2004「Ⅲ 事業実績　新指定の文化財　中里遺跡出土丸木舟」『文化財の保護』第 36 号

東京都教育庁社会教育部文化課 1985『東京の遺跡』

東京都都市整備局西部住宅建設事務所・東村山市遺跡調査会・下宅部遺跡調査団 2006『下宅部遺跡Ⅰ（2）』
東京都埋蔵文化財センター 1999「No.9」『東京都埋蔵文化財センター調査報告』第 69 集
東京都埋蔵文化財センター 2001「No.520」『東京都埋蔵文化財センター調査報告』第 92 集
東京都埋蔵文化財センター 1993「No.471」『東京都埋蔵文化財センター調査報告』第 15 集
東京都埋蔵文化財センター 1989「No.426」『東京都埋蔵文化財センター調査報告』第 10 集
東京都埋蔵文化財センター 1998「No.796」『東京都埋蔵文化財センター調査報告』第 50 集
東京都埋蔵文化財センター 1983「No.753」『東京都埋蔵文化財センター調査報告』第 4 集
東京都埋蔵文化財センター 1994「No.300 遺跡」『東京都埋蔵文化財センター調査報告』第 16 集
東京都埋蔵文化財センター 1996「No.200 遺跡」『東京都埋蔵文化財センター調査報告』第 32 集
東京都埋蔵文化財センター 1997「No.194」『東京都埋蔵文化財センター調査報告』第 25 集
東京都埋蔵文化財センター 1996「No.200」『東京都埋蔵文化財センター調査報告』第 32 集
東京都埋蔵文化財センター 1998「No.245・341」『東京都埋蔵文化財センター調査報告』第 57 集
東京都埋蔵文化財センター 1998 ～ 2005「No.72 遺跡」『東京都埋蔵文化財センター調査報告』第 50 集第 1 ～ 22 分冊
東京都埋蔵文化財センター 1999「No.107 遺跡」『東京都埋蔵文化財センター調査報告』第 64 集
東京都埋蔵文化財センター 1999「No.46 遺跡」『東京都埋蔵文化財センター調査報告』第 76 集
東京都埋蔵文化財センター 2000「No.248」『東京都埋蔵文化財センター調査報告』第 80 集
東京都埋蔵文化財センター 2003「武蔵国分寺遺跡北方地区」『東京都埋蔵文化財センター調査報告』第 136 集
東京都埋蔵文化財センター 2006「岡本前耕地遺跡」『東京都埋蔵文化財センター調査報告』第 199 集
東京都埋蔵文化財センター 2008「No.441・446」『東京都埋蔵文化財センター調査報告』第 227 集
東京都埋蔵文化財センター 2011「西ヶ原貝塚」『東京都埋蔵文化財センター調査報告』第 262 集
東京都埋蔵文化財センター 2013「武蔵台遺跡」『東京都埋蔵文化財センター調査報告』第 283 集
東京都埋蔵文化財センター 2017「御殿前遺跡」『東京都埋蔵文化財センター調査報告』第 314 集
利島村大石山遺跡調査団 1984『利島村大石山遺跡』Ⅱ　利島村教育委員会
利島村大石山遺跡調査団 1986『利島村大石山遺跡』Ⅳ　利島村教育委員会
都立学校遺跡調査会 1993『岡本前耕地遺跡』
都立学校遺跡調査会 1998『岡本前耕地遺跡』
中野区北江古田遺跡調査会 1987『北江古田遺跡発掘調査報告書（1）・（2）』
なすな原遺跡調査会 1984『なすな原遺跡』
新島田原遺跡調査団 1988『新島　田原遺跡』新島本村教育委員会
西東京市教育委員会 2017『国史跡　下野谷遺跡』
八丈町倉輪遺跡調査団 1986『八丈島　倉輪遺跡』
八丈町倉輪遺跡調査団 1987『東京都八丈町　倉輪遺跡』
東村山市教育委員会 2013『下宅部遺跡Ⅳ　漆工関連資料調査報告書』
東久留米市教育委員会
日野市東光寺上第 1・2 土地区画整理組合 1999『七ツ塚遺跡』7
町田市教育委員会 1968『本町田遺跡群』
町田市教育委員会 1972『鶴川遺跡群』
武蔵野公園泥炭層遺跡調査会 1984『武蔵野公園低湿地遺跡』
武蔵野美術大学考古学研究会 1980『伊豆七島の縄文文化』
早稲田大学考古学研究室 1955『落合』
E.S.Morse1879, *Shell Mounds of Omori*（東京大学理学部紀要第 1 巻第 1 冊）

【報告書都外】
青森県教育委員会 2004『岩渡小谷（4）遺跡Ⅱ』
秋田県埋蔵文化財センター 2000『戸平川遺跡』

石川県教育委員会・(財) 石川県埋蔵文化財センター 2004『田鶴浜町 三引遺跡Ⅲ (下層編)』

岩手県教育委員会・(財) 岩手県埋蔵文化財センター・建設省御所ダム工事事務所 1982『御所ダム建設関連埋蔵文化財発掘調査報告書　盛岡市 蒔内遺跡 (Ⅱ)』

恵庭市教育委員会 2003・2004『カリンバ 3 遺跡 1 〜 3』

桶川市教育委員会 2007『後谷遺跡』

小矢部市教育委員会 2007『桜町遺跡発掘調査報告書』

金沢市教育委員会 1983『金沢市新保本町チカモリ遺跡』

金沢市埋蔵文化財センター 2009『石川県金沢市　中屋サワ遺跡Ⅳ・下福増遺跡Ⅱ・横江荘遺跡Ⅱ』

金沢市埋蔵文化財センター 2010『石川県金沢市　中屋サワ遺跡Ⅴ』

国土交通省・(公財) 千葉県教育振興財団 2019『東京外かく環状道路埋蔵文化財調査報告書 14』

湖西線関係遺跡調査団 1973『湖西線関係遺跡調査報告書』

斎宮歴史博物館 1995『日本の櫛―別れの御櫛によせて―』展示図録

さいたま市遺跡調査会 2017『南鴻沼遺跡 (第 3 分冊)』

埼玉県立博物館 1984『寿能泥炭層遺跡発掘調査報告書―人工遺物・総括編― (遺構・遺物)』埼玉県教育委員会

佐賀市教育委員会 2009『東名遺跡群Ⅱ (第 5 分冊)』

滋賀県教育委員会・財団法人滋賀県文化財保護協会 2007『入江内湖遺跡Ⅰ』

玉川文化財研究所 2003『羽根尾貝塚』

千葉県茂原土地改良事務所茂原市総南文化財センター 2003『下太田貝塚』

(財) 栃木県文化振興財団埋蔵文化財センター 1998『寺野東遺跡Ⅳ』

鳥取県教育委員会 1981『鳥取市布施遺跡発掘調査報告書』

(財) 鳥取県教育文化財団鳥取県埋蔵文化財センター 1996『桂見遺跡―八ツ割地区・堤谷東地区・堤谷西地区―』

新潟県黒川村教育委員会 2002『分谷地 A 遺跡　平成 13 年度概要報告書』

新潟県埋蔵文化財調査事業団 2004『青田遺跡』

新田町教育委員会 1994『下田遺跡』

能登町教育委員会真脇遺跡発掘調査団 1986『石川県能都町　真脇遺跡』

練馬区遺跡調査会東京都住宅局 1989『弁天池低湿地遺跡の調査』

八王子市椚田遺跡調査会 1982『神谷原Ⅱ』

八戸市教育委員会 2005『是川中居遺跡 4』

福井県教育委員会 1979『鳥浜貝塚―縄文前期を主体とする低地遺跡の調査 1―』

福岡市教育委員会 2003『雀居遺跡 8・9』

福島県会津若松建設事務所・福島県大沼郡三島町教育委員会 1990『荒屋敷遺跡Ⅱ』

福部村教育委員会 1989『栗谷遺跡発掘調査報告書Ⅱ』

北海道石狩市教育委員会 2005『石狩紅葉山 49 号遺跡発掘調査報告書』

(財) 北海道埋蔵文化財センター 1989『小樽市忍路土場・忍路 5 遺跡』

(財) 北海道埋蔵文化財センター 1997『キウス 5 遺跡 (3)』

(財) 北海道埋蔵文化財センター 1998『キウス 5 遺跡 (5)』

【図の出典一覧】

60 頁　北江古田遺跡 (中野区他 1987)、岡本前耕地遺跡 (都埋文 2006)、下宅部遺跡 (都都市整備局他 2006)、下太田貝塚 (千葉県茂原事務所他 2003)

61 頁　御殿前遺跡 (都埋文 2017)、岡本前耕地遺跡 (都立学校調査会 1993)、岡本前耕地遺跡 (都埋文 2006)、南鴻沼遺跡 (さいたま市 2017)、御井戸遺跡 (前山 1996、前山・古越 1999)、青田遺跡 (新潟県埋文 2004)

展覧会企画委員・執筆者

企画委員

工藤雄一郎（学習院女子大学准教授・国立歴史民俗博物館客員准教授）

斉藤　進（東京都埋蔵文化財センター元職員）

山口慶一（東京都埋蔵文化財センター）

　西澤　明（　同　）

　丹野雅人（　同　）

　山本孝司（　同　）

　飯塚武司（　同　）

藤森照信（東京都江戸東京博物館）

　小林淳一（　同　）

　飯塚晴美（　同　）

　湯川説子（　同　）

　田原　昇（　同　）

　小酒井大悟（　同　）

　岩崎　茜（　同　）

新田太郎（江戸東京たてもの園）

　阿部由紀洋（　同　）

　米山　勇（　同　）

第1部　執筆者一覧（50音順）

飯塚武司　第2章（木工・漆工の世界）、第3章（丸木舟（中里遺跡））

鈴木啓介　第3章（東京の土偶）

鈴木伸哉　プロローグ（縄文時代の自然環境）

丹野雅人　第1章、第2章（集落研究）、第3章（丘陵部での暮らし）

塚田清啓　第2章（石器、縄文石器の多様なカタチ、移動と供給・交易（石材））

西澤　明　プロローグ（土偶）、第2章（葬墓制研究）、第3章（海岸部での暮らし（丸木舟（中里遺跡）以外）、装身具）

山口慶一　第2章（漁具としての骨角器）、第4章、エピローグ

山﨑太郎　第4章、エピローグ

山田和史　第2章（石器、移動と供給・交易（石材））

山本孝司　プロローグ（最新の調査成果から考える縄文時代像）、第2章（土器、移動と供給・交易（石材以外））

（以上、東京都埋蔵文化財センター）

事務局

〒130-0015　東京都墨田区横網 1-4-1

東京都江戸東京博物館事業企画課 展示企画係

TEL：03-3626-9974（代表）

謝辞

本展の開催ならびに本書籍の編集にあたり、貴重な資料を貸与され、またご協力を賜りました関係諸機関及びそのご担当者、ご所蔵者に厚く御礼申し上げます。またここにお名前を記すことを控えさせていただいたすべてのご所蔵者、ご協力者の皆様へも心からの謝意をお伝えしたく存じます。

【機関】

あきる野市教育委員会
二宮考古館（あきる野市）
荒川ふるさと文化館（荒川区）
荒川区教育委員会
板橋区教育委員会
板橋区立郷土資料館
青梅市郷土博物館
大島町役場教育文化課
大田区教育委員会
大田区立郷土博物館
太田市教育委員会（群馬県）
岡谷市教育委員会（長野県）
市立岡谷美術考古館（長野県岡谷市）
奥多摩町教育委員会
奥多摩水と緑のふれあい館
横須賀市教育委員会（神奈川県）
横須賀市自然・人文博物館（神奈川県）
かながわ考古学財団
北区教育委員会
北区飛鳥山博物館
国立市教育委員会
くにたち郷土文化館（国立市）
神津島村教育委員会
小金井市教育委員会
小金井市文化財センター
國學院大學博物館
国際基督教大学博物館湯浅八郎記念館
国分寺市教育委員会
国立科学博物館　筑波実験植物園
古代の森研究舎（宮城県蔵王町）
小矢部市教育委員会（富山県）
小矢部ふるさと歴史館
川口市教育委員会（埼玉県）
川口市文化財センター
埼玉県立さきたま史跡の博物館
埼玉県教育委員会
さいたま市教育委員会
品川区教育委員会
品川区立品川歴史館
渋谷区教育委員会
白根記念渋谷区郷土博物館・文学館

新宿区教育委員会
新宿区立新宿歴史博物館
自由学園資料室
杉並区教育委員会
杉並区立郷土博物館
世田谷区教育委員会
世田谷区立郷土資料館
宇奈根考古資料室（世田谷区）
立川市教育委員会
立川市歴史民俗資料館
茅野市尖石縄文考古館（長野県）
調布市教育委員会
調布市郷土博物館
千代田区立日比谷図書文化館
利島村教育委員会
利島村郷土資料室
東京国立博物館
東京大学総合研究博物館
東京都教育委員会
東京都埋蔵文化財センター
東京都立埋蔵文化財調査センター
土器の館（さいたま市）
中野区教育委員会
東京都総務局大島支庁
東京都総務局三宅支庁
東京都総務局八丈支庁
中野区立歴史民俗資料館
新潟県埋蔵文化財センター
新潟県立歴史博物館
新潟市教育委員会
新潟市文化財センター
胎内市教育委員会（新潟県）
新島村教育委員会
新島村博物館
西東京市教育委員会
西東京市郷土資料室
日本大学文理学部
練馬区教育委員会
練馬区立石神井公園ふるさと文化館
八王子市教育委員会
八王子市郷土資料館
八国山たいけんの里（東村山市）

八丈町教育委員会
東久留米市教育委員会
東久留米市郷土資料室
東村山市教育委員会
東村山ふるさと歴史館
日野市教育委員会
日野市郷土資料館
府中市教育委員会
府中市郷土の森博物館
文京区教育委員会
文京ふるさと歴史館（文京区）
町田市教育委員会
町田市考古資料室
御蔵島教育委員会
三鷹市教育委員会
港区教育委員会
港区立郷土歴史館
三宅村教育委員会
武蔵国分寺跡資料館（国分寺市）
武蔵野市教育委員会
武蔵野ふるさと歴史館（武蔵野市）
武蔵村山市教育委員会
武蔵村山市立歴史民俗資料館
明治大学博物館
目白学園法人本部財務部管理課
立正大学博物館

ピーボディー・エセックス博物館（米国
Peabody Essex Museum, Salem, MA

【個人】
遠藤邦彦
久保田正寿
本間健司

（50音順・敬称略）

クレジット

【作図協力】
株式会社トータルメディア開発研究所:関東地方縄文海進と貝塚分布 (18 頁)、東京の沿岸部貝塚分布図 (19 頁)、東京都の縄文主要遺跡 (20 ～ 21 頁)、東京地形区分図 (20 頁)、多摩ニュータウン遺跡群分布図 (22 ～ 23 頁)、八王子市神谷原遺跡の集落内墓 (41 頁)、多摩ニュータウン遺跡から出土する他の地域の土器 (64 頁)、中部から関東のヒスイ・コハクロード (66 頁)

【作画】
宮脇正雄:対談「縄文人の知恵」(92 ～ 109 頁)

【写真撮影】
傍島利浩:展覧会特別企画 縄文竪穴式住居復原プロジェクト (110 ～ 111 頁、122 ～ 129 頁)

【校正】
株式会社鷗来堂

東京に生きた縄文人

2021年10月9日　初版第1刷発行
2021年11月20日　初版第2刷発行

編集	東京都江戸東京博物館
編集協力	東京都埋蔵文化財センター
発行者	伊藤剛士
発行所	TOTO出版（TOTO株式会社）
	〒107-0062 東京都港区南青山 1-24-3
	TOTO乃木坂ビル 2F
	[営業] TEL: 03-3402-7138　FAX: 03-3402-7187
	[編集] TEL: 03-3497-1010
	URL: https://jp.toto.com/publishing
デザイン	緒方裕子（緒方デザインルーム）
印刷・製本	株式会社サンニチ印刷